AF176505

Mein Geschenk

für eine genussvolle

Raucherentwöhnung

Warum ich zur Zigarette griff und wie ich mich
von der Sucht löste

Peter Kruse

Herstellung und Verlag:
BoD – Books on Demand, Norderstedt
ISBN: 9783752610642

DANKSAGUNG

Cherie Fox für das tolle Cover
www.cheriefox.com

Ingrid Munzert und Claudia Beate Bittag für
Lektorat und Korrekturlesen

Matthias Rost für das fachliche Lektorat eines
erfahrenen Suchtberaters

Dr. Horst Freels und Dipl.-Psych. Maria Eugenia
Diaz für die medizinische und psychologische
Expertise

Meinen Testlesern für ihre wertvollen
Rückmeldungen

***

Dieses Buch widme ich meinen Töchtern
Monica & Lessa Belle

INHALT

„Nicht der Mensch raucht die Zigarette.
Die Zigarette raucht den Menschen."

(Manfred Hinrich)

VORWORT MATTHIAS ROST

„Mit dem Rauchen aufzuhören ist kinderleicht. Ich habe es schon hundertmal geschafft." (Mark Twain)

Mit dem Rauchen aufhören – mit dem Gedanken musste sich sicher schon jeder Raucher einmal auseinandersetzen. Sei es aus eigenem Antrieb oder weil Freunde oder Ärzte dazu geraten haben. Und vielen Rauchern ist klar – irgendwann werde ich aufhören. Aber heute noch nicht. Vielleicht mit 30/50/70 Jahren oder - wenn ich Lungenkrebs/Keuchhusten/COPD habe - oder vielleicht wenn die Zigaretten 10€/20€/30€ kosten. Aber irgendwann höre ich damit auf.

Lieber Leser, Sie kennen diese Gedanken von sich selbst oder von anderen? Dann haben Sie das richtige Buch gefunden. Dieses Buch ist kein Allheilmittel. So etwas gibt es nicht. Es ist die kritische Selbstreflexion eines ehemaligen Rauchers. Offen, ehrlich und direkt.

Die einen werden den Kopf schütteln und weitermachen wie bisher. Andere werden schmunzeln, sich ertappt fühlen und trotzdem nicht sofort alles ändern. Aber vielleicht – vielleicht bleibt der eine oder andere Gedanke hängen und führt irgendwann zu dem Schluss, dass es durchaus lohnenswert ist, den glühenden Sklaventreiber aus dem eigenen Leben zu verbannen.

Rauchen ist und bleibt die häufigste vermeidbare Todesursache. In Deutschland sterben aktuell jeden Tag ca. 330 Menschen an den Folgen des Tabakkonsums. Das wäre ungefähr so, als würde tagtäglich eine voll besetzte Boeing 777 irgendwo in unserem Land abstürzen. Aber warum redet kaum jemand darüber?

Jedes Jahr wird vom Büro des Drogenbeauftragten der Bundesregierung die Zahl der Drogentoten veröffentlicht. Dabei geht es um Menschen, die aufgrund des Konsums *illegaler* Drogen gestorben sind. Und immer wieder ist man über diese Zahl schockiert, denn es handelt sich um ca. 1.300 Menschen…. im Jahr. Wir können also davon ausgehen, dass die Zahl der Todesfälle durch Tabak bereits am 5. Januar eines jeden Jahres diese Zahl übersteigt. Ja, wir als Gesellschaft haben es wunderbar geschafft, das eigentliche Problem auszublenden.

Darum liebe Leser. Seien Sie kritisch und akzeptieren Sie, dass Sie sich vielleicht an einigen Stellen dieses Buches unwohl fühlen. Ich kann

Ihnen versichern, das liegt nicht am Buch. Es liegt vielleicht daran, dass Ihr Kopf versucht, neue Gedanken mit dem bisherigen Leben zu vereinen. Nur irgendwie passen die gar nicht zusammen. Ja, das ist im ersten Moment unangenehm – aber vielleicht ist es auch der erste Schritt zu einem neuen Leben. Der beste Moment um mit dem Rauchen aufzuhören, war sicherlich vor 5/10/20 oder mehr Jahren. Der zweitbeste Moment ist **heute**.

Mit dem Rauchen aufhören ist einfach. Die Schwierigkeit ist, nicht wieder damit anzufangen.

Matthias Rost
Dipl. Sozialpädagoge / Suchttherapeut
Diakonie Leipzig

PROLOG

„Suche TESTLESER, die das Rauchen aufgeben wollen.

Über meine Erfahrungen, wie ich nach 40 Jahren Genussraucher zum genussvollen Nichtraucher geworden bin, habe ich ein Buch geschrieben. Vor der Veröffentlichung möchte ich gerne wissen, ob und wie gut die von mir genutzte Methode auch bei anderen Menschen funktioniert.

Du bist RAUCHER? Du möchtest mit dem Rauchen aufhören?

Dann melde dich bitte in einer persönlichen Nachricht bei mir. Gerne schicke ich dir das Manuskript zu.

Freue mich, von dir zu hören..."

Diese Annonce erschien in den Facebook Gruppen „Testleser gesucht", „Testleserlich - Testleser suchen und finden" und in diversen Nichtraucher Gruppen.

Die zahlreichen Rückmeldungen der über Hundert Freiwilligen, mehrheitlich starke Raucher, haben es möglich gemacht, dieses Buch so zu schreiben, wie es ist. So konnte ich das von mir Geschriebene überdenken und Facetten aufnehmen, die mir sonst entgangen wären.

40 Jahre meines Lebens war ich überzeugter und leidenschaftlicher Raucher. Eine Schachtel pro Tag mein Minimum, oftmals aber auch wesentlich mehr, je nach Umstand und Tagesform.

Jeder Raucher weiß wovon ich spreche.

Mein Motto lautete:

„Wer raucht, der stirbt. Wer nicht raucht, stirbt auch. Genieß das Leben solange du kannst."

Ich war der festen Überzeugung, dass Tabakkonsum:

- ✓ mir Genuss bereitet
- ✓ mich entspannt
- ✓ meine Konzentration erhöht
- ✓ mich wach hält
- ✓ mich gesellig macht
- ✓ mir Selbstsicherheit gibt
- ✓ mir Spaß macht
- ✓ etc.

Dann, eines schönen Tages habe ich, als Folge einer völlig unerwarteten medizinischen Diagnose, begriffen: Mein Lebensmotto an sich ist zwar in Ordnung, die Verbindung mit dem Thema Zigarette hingegen war und ist völliger

Selbstbetrug, riesengroßer Humbug. Mir wurde bewusst, wie ich mich selbst belog, indem ich dem Tabakkonsum Attribute zuordnete, die ganz einfach nicht zutreffen. Ich realisierte, dass ich mich über 40 Jahre betrogen habe, nur um meinem Verlangen ohne schlechtes Gewissen frönen zu können. Die Auswirkungen und Konsequenzen des Rauchens wurden von mir völlig falsch interpretiert. Offensichtliche Nachteile hatte ich mir als vermeintliche Vorteile vorgaukeln lassen.

Diese Zeit ist glücklicherweise vorbei. Heute ist eine Zigarette für mich in etwa so attraktiv wie Lebertran. Null Verlangen, null Anziehungskraft. Zum Glück ist es nie zu spät, um etwas Besseres zu beginnen.

„Eine Gewohnheit aufzugeben ist reine Kopfsache", hört und liest man immer wieder. *„Man muss es nur ganz fest wollen, dann schafft man es auch, selbst wenn es schwierig ist"*.
Wie oft haben wir diese Behauptung gehört und ohne langes Nachdenken mit einem bejahenden Kopfnicken bestätigt. Dabei ist es nur die halbe Wahrheit. Diese These gilt lediglich für Gewohnheiten, die wir uns gar nicht abgewöhnen wollen. Kommt es ihm jedoch gelegen, dann ist

der Mensch sehr wohl in der Lage, jede Gewohnheit in Windeseile und ohne größere mentale Kraftakte abzulegen.

Um 6 Uhr früh aufzustehen, sich mit dem Bus zur Arbeit zu quälen, alleine zu leben und den immer gleichen öden Job zu machen, sind Gewohnheiten, die wir zähneknirschend akzeptieren.

Wie unglaublich schnell gewöhnt sich ein jeder von uns plötzlich daran, ab sofort erst um 8 Uhr früh aufzustehen, mit dem nagelneuen Auto zur Arbeit zu fahren, die große Liebe gefunden zu haben und eine attraktivere Tätigkeit anzutreten? Ja, diese Gewohnheitswechsel vollziehen sich in Rekordzeit. Auch wer es die letzten fünf Jahre gewohnt war, gelangweilt im Gefängnishof seine immer gleichen Runden zu drehen, gewöhnt sich im Handumdrehen an das Geradeauslaufen, Hüpfen und Rennen in Freiheit.

Die Relativität der Gewohnheiten zeigt sich sogar bei Rauchern selbst. Die allermeisten Ex-Raucherinnen berichten, wie mühelos sie es geschafft haben das Rauchen zu lassen, nachdem sie erfahren hatten, dass sie schwanger sind. Und das, obwohl es ihnen zuvor stets als schier unmöglich vorkam.

Die ganze Wahrheit ist also, dass jeder von uns sehr wohl in der Lage ist, Gewohnheiten mühelos und schnell zu ändern. Es wird von uns Menschen immer nur dann als schwer bis unmöglich erachtet, wenn wir die Veränderung als negativ empfinden beziehungsweise gar nicht wollen.

Das ist der Grund, warum der Raucher immer jammert. Dabei muss er die Gewohnheit des Rauchens lediglich als das erkennen was sie ist, eine komplett überflüssige und lästige Handlung. Dann wird es ihm genauso leicht fallen, auch auf diese Routine zukünftig zu verzichten.

Mein erster Schritt zum Nichtraucher war, mir ernsthaft Gedanken zu machen, warum es, so wie ich es bislang angestellt hatte, nicht klappt. Aus diesen Erkenntnissen entstand die Vorgehensweise, die mir zu guter Letzt geholfen hat.

Wie bei vielen anderen Rauchern auch, hat es bei mir ebenfalls mehrere Anläufe gebraucht, bis ich den für mich funktionierenden Ansatz gefunden hatte. Dann war es mit einem Mal überraschend einfach, dem Glimmstängel ade zu sagen. Fast wie von jetzt auf gleich. Ein Gefühl, ebenso schön wie schier unglaublich. Hatte ich es zuvor doch immer als eine große Qual empfunden, auf mein geliebtes Laster zu verzichten. Um dem Kind einen Namen zu geben, nenne ich die von mir mit Erfolg praktizierte Verfahrensweise die **„Leitmotiv-Methode"**. Sie basiert auf einer Verhaltenstheorie, die ich bereits in jungen Jahren an der Universität gelernt hatte. Mit der „Leitmotiv-Methode" war mein endgültiger Abschied vom Tabak weder schwierig noch mit Entbehrungen verbunden. Im Gegenteil, diesmal habe ich den Absprung geradezu genossen, von der letzten Zigarette an.

Keinerlei nennenswerter Entzug, keine großartigen Nebenwirkungen, kein Kampf mit mir selbst. Gleich vom Tag eins an spürte ich, dass es jetzt ganz einfach sein würde.

Abend für Abend ging ich mit dem wohligen Gefühl schlafen, wieder einen ganzen Tag keinen dampfenden Sargnagel angerührt zu haben. Nicht einmal das leiseste Bedürfnis kam in mir auf. Am Morgen wachte ich mit einem Lächeln auf und war stolz auf mich. Ich fühlte mich frisch und gesund, ohne das Verlangen nach meinem über Jahrzehnte tagtäglich praktiziertem „Künstlerfrühstück" (Kaffee und eine Selbstgedrehte). Seitdem ich Nichtraucher bin, genieße ich nach jedem Aufstehen das Aroma einer Tasse guten Kaffees, ohne gleichzeitig zu paffen.

Nach 40 Jahren betäubter Geschmacksnerven hatte ich völlig vergessen, was Kaffeegenuss bedeutet, einfach göttlich. Plötzlich trank ich ihn schwarz, ohne Zucker und Milch. Einfach, um den wahren Reiz der Kaffeebohne nicht zu verlieren. Rauch und Ruß hatten mein Geschmacksempfinden über Jahrzehnte so dermaßen betäubt, dass ich nicht mehr wirklich wahrnehmen konnte, was für eine Köstlichkeit ich zu mir nahm.

Übrigens nicht nur beim Kaffee, auch bei allem anderen was ich konsumiere. Ohne es konkret geplant zu haben, stellten sich nach und nach meine gesamten bisherigen Essgewohnheiten um. Ich konnte ja wieder schmecken, was ich kaute, trank und schluckte.

Mein zweites Leben, das des genussvollen Nichtrauchers, begann als mir klar wurde, dass ich nur ein einziges Leben habe. Nach der erwähnten ärztlichen Diagnose verankerte sich in mir der felsenfeste Wille, jeden weiteren Tag meines restlichen Daseins gesund zu genießen. Nicht die Schädigung des Körpers war der Antrieb. Es war die wiederentdeckte Welt der wirklichen Genüsse.

Meine Erfahrungen möchte ich in diesem Büchlein an all diejenigen weitergeben, die bislang noch nicht am Ziel angekommen sind, weil sie den schwierigen Weg eingeschlagen haben. Denn ja, manchmal hilft auch ein Buch. Zur Begleitung oder um zu verstehen, was in einem vorgeht. Was ich zu erzählen habe ist überraschend einfach und hat bei mir mühelos funktioniert.

Machen Sie sich bitte keine Sorgen, wenn Sie nicht gleich nach den ersten zehn Seiten dieses Buches jegliches Verlangen nach einer Zigarette komplett verloren haben. Etwas Geduld braucht man, aber es wird nicht mehr lange dauern. Wer das Rauchen anfängt, braucht eine gewisse Zeit, bis er glaubt, dass ihm die Zigarette schmeckt. Bei dem ein oder anderen wird es beim Beenden ähnlich sein. Aber glauben Sie mir, schon bald werden auch Sie erkannt haben, dass verbrannter Tabak im Mund scheußlich schmeckt.

Selbst wenn nur ein einziger Mensch mit der von mir praktizierten Methode das Rauchen aufgibt wäre das ein Erfolg und es hat sich gelohnt dieses Buch zu schreiben. Womöglich konnte ich jemandem eine ganz furchtbare Krankheit ersparen. Wenn dem so sein sollte, hoffe ich, dass genau *Sie* es sind, dem ich eine Hilfe war. Damit wären wir dann schon zwei glückliche Menschen.

„Zum Glück hat die Raupe nicht aufgegeben. Gerade als sie dachte, sie schafft es niemals, begann sie zu fliegen."

Einige der, gerade zu Beginn dieses Buches aufgeführten Daten und Informationen mögen Ihnen bereits bekannt sein. Insbesondere, wenn Sie sich schon länger mit dem Thema beschäftigen.

Für diejenigen Leser, die erstmalig mit dem Gedanken spielen, das Rauchen aufzugeben und bislang gar nichts oder wenig über die Raucherentwöhnung gelesen haben, dienen sie zur Sensibilisierung. Für alle anderen sind sie eine nützliche Auffrischung wichtiger Fakten.

Nehmen Sie es mir bitte nicht übel. Wer ein Kochbuch schreibt, kommt auch kaum drum herum, einige von Onkel Oetkers altbewährten Grundrezepten aufzuführen. Die Wiederholung ist ein Grundpfeiler der von mir präsentierten Methode. Einige der relevantesten Punkte werden Sie daher mehrmals lesen.

Ich erhebe nicht den Anspruch, dass die Lektüre dieses Buches bei jedem Menschen Früchte trägt. In Deutschland habe ich Betriebswirtschaft, in England Marketing und Philosophie studiert. Aber ich bin kein Suchtforscher, habe keine

Studien angestellt oder Statistiken erhoben. Ich möchte lediglich berichten, wie es mir persönlich ergangen ist.

„I did it my way." Ich verkaufe kein Patentrezept.

Gleichwohl habe ich in meinem bisherigen Leben die erstaunliche Erkenntnis gewonnen, dass man von *jedem* etwas lernen kann, egal ob ausgewiesener Fachmann oder Laie. Sogar von demjenigen, dem man es auf den ersten Blick nicht zutraut. Wichtig ist lediglich die Bereitschaft, seine Ohren zu öffnen.

In diesem Sinne wünsche ich mir, dass der ein oder andere hellhörige Raucher von meiner Erzählung profitiert. Womöglich sind Sie nicht mit allem einverstanden, was ich schreibe oder können meine persönlichen Erfahrungen nicht immer nachvollziehen. Bitte benutzen Sie dies nicht als willkommene Gelegenheit zum Verbleib im Raucherleben. Legen Sie Ihr Augenmerk auf das, was Sie überzeugt.

Wenn Sie bei der Lektüre auf etwas stoßen, was Ihnen gefällt, dann machen Sie bitte an der Stelle eine kurze Pause. Lassen Sie das Gelesene sacken und sich verankern. Ich schlage vor, Sie halten sich einen Textmarker oder Bleistift bereit.

Sobald Sie eine Textstelle entdecken, bei der Sie denken *"ja, stimmt, das ist wahr"*, sollten Sie diese markieren.

Jetzt wünsche ich Ihnen viel Freude beim Lesen und hoffentlich den Erfolg, den Sie anstreben. Machen Sie es sich bequem, zünden Sie sich ganz genüsslich eine "leckere" Zigarette an und beginnen Sie mit der Lektüre. Das "Schlimmste", was Ihnen passieren kann ist, dass Ihnen am Ende des Buches die Lust am Rauchen vergangen ist.

Lesen Sie das Buch in einem Zug. Nicht stückchenweise über einen längeren Zeitraum. Es sind ja nur wenige Seiten.

20 Minuten nach der letzten Zigarette:
Puls und Blutdruck beginnen sich zu normalisieren

MUNDTOT

„Wirklich? Na und wie erklärst du dann, dass Johannes Heesters 108 Jahre alt geworden ist, obwohl er täglich bis zu drei Schachteln Zigaretten durchgezogen hat, du Schlaumeier?"

„Und Helmut Schmidt, ganz vergessen? Der wurde als Kettenraucher immerhin auch 96 Jährchen alt."

Mit diesen, von allen Rauchern gern zitierten Beispielen hatte ich bislang jeden neunmalklugen Gesundheitsapostel mundtot gemacht. Auch jetzt wusste mein Gegenüber nicht recht, wie er mit der Tatsache umgeben sollte, dass Rauchen per se wohl nicht zum frühen Tod führt. Ich spürte seine Unsicherheit, verwandelte meinen Gesichtsausdruck in ein selbstzufriedenes Lächeln, fischte gekonnt eine Zigarette aus dem Lederetui und zündete diese genüsslich an. Wieder einmal hatte ich gewonnen.

„Na dann mach doch was du willst", war alles, was als Antwort noch kam.

„Ja, ganz genau, das mach ich auch. Man lebt nur einmal und warum sollte ich auf etwas verzichten, was mir Spaß macht? Ich bin doch kein Messdiener."

„Wer kein Laster hat, der lebt nicht länger. Es kommt ihm nur länger vor, hahahahahha.".

Bumm, ein weiterer Tiefschlag gegen den langweiligen Moralisten. Nein, so leicht sollte mir niemand die Freude am Rauchen verderben.

Meine selbstkreierte Philosophie lautete: Wer die Zigarette genießt, dem schadet sie nicht. Schaden nehmen nur diejenigen, die mit einem schlechten Gewissen qualmen, die jede Zigarette schon beim Anzünden in der Seele bereuen. Jedweder Schaden durch Rauchen, war aus meiner naiven Sicht psychosomatisch bedingt. Erst die dauerhafte Belastung der Seele führt zur körperlichen Beeinträchtigung, davon war ich überzeugt. Mir konnte also nichts passieren.

Oh ja, so einer war ich. Ich sah mich selbst als einen Genussraucher, der locker die 100 Jahre überschreiten wird. Einer, an dem alle Gefahren einfach so abprallen, unverwundbar.

Dann kam der Tag der Diagnose: Blasentumor.

> „Krebs?“, fragte ich den Urologen.
> „Tut mir leid, ihnen dies mitteilen zu müssen“ und nickte dabei.
> „Warum? Woher kommt das?“
> „Rauchen Sie“, fragte er mich.

Johannes Heesters und Helmut Schmidt waren plötzlich klein und still geworden in meinem

Kopf. Die Überheblichkeit verflogen. Ich hatte endlich verstanden: **Rauchen ist kein Spaß!**

Stimmt, es gibt starke Raucher, die ein hohes Alter erreichen. Es gibt ja auch Menschen, die den Jackpot im Lotto knacken. Trotzdem habe ich noch nie einen dieser „Glückspilze" kennengelernt. Sie sind eine verschwindend kleine Minderheit. Man sollte demzufolge vorsichtig sein mit der Annahme, man wäre stets auf der Gewinnerseite.

Kein Nikotinabhängiger fällt nach dem Konsum einer bestimmten Anzahl gerauchter Zigaretten automatisch tot um. Wenn dem so wäre, würden alle, bis auf die extrem Todessehnsüchtigen, spätestens kurz vor dieser Grenze Halt machen.

Die Johannes Heesters und die Helmut Schmidts dieser Welt suggerieren daher die Illusion *„mir wird schon nichts passieren"*.

Auch ich war so präpotent und habe mit meiner Qualmerei geradezu geprahlt.

Nicht ein frühzeitiges Ableben sollte man als Kriterium wählen, von dem man das Rauchen oder Nichtrauchen abhängig macht. Der Tod gehört zum Leben wie die Geburt und wird von uns Menschen gerne aus den alltäglichen Gedanken verdrängt. Beides passiert halt.

Wichtiger als das *wann*, ist den meisten Menschen *wie* sie sterben. Und da haben Raucher zweifelsohne extrem gute Chancen, den letzten Abschnitt ihres Lebensweges sehr viel qualvoller zu verbringen. Spätestens auf dem Sterbebett wird deshalb, davon bin ich überzeugt, so gut wie jeder Raucher Ihnen zuflüstern „*rauch nicht!*"

Ausschlaggebend ist der eines Tages diagnostizierte Lungenkrebs (90% aller Lungenkrebspatienten sind Raucher), Impotenz (doppelt so häufig wie bei Nichtrauchern) oder frühzeitige Herz- Kreislaufprobleme, als hochwahrscheinliche Konsequenzen des Tabakkonsums.

Mit jedem Giftstängel, Stunde für Stunde, Tag für Tag, spielen wir ein riskantes Spiel mit unserem Körper und verlieren an Lebensqualität.

In meinem Fall war es „nur" ein Blasenkrebs. Er hat nicht gestreut, wurde rechtzeitig erkannt und entfernt. Mein Leben geht weiter.

Helmut Schmidt wäre im Übrigen viel früher an den Folgen seines Kettenrauchens verstorben, hätte er sich nicht die fachliche Kompetenz seines Hausarztes Professor Dr. Heiner Greten leisten können. Seines Zeichens anerkannter Herz- und Gefäßspezialist und ganz bestimmt nicht billig.

Nichtsdestotrotz, die Diagnose die er Helmut Schmidt bei seinem letzten Krankenhausaufenthalt erstellte lautete: „Periphere arterielle Verschlusskrankheit", auf Deutsch „Raucherbein". Langsam vor sich hin faulende Gliedmaßen. Ganz bestimmt kein schönes Ende.

Ich bin mir sicher, dass auch der souveräne Genussraucher Helmut Schmidt spätestens in diesem Moment eingesehen hat, dass den Kopf in den Sand stecken und weitermachen die falsche Entscheidung war.

Und unser gern zitierter Jopie Heesters? Nun, dieser Mann ist einfach ein Phänomen, in vielerlei Hinsicht. Die Ausnahme von der Regel, die es immer gibt und für die wohl niemand eine Erklärung weiß.

12 Stunden nach der letzten Zigarette:
Alle Organe werden wieder besser mit Sauerstoff versorgt

NEULICH IM PATENTAMT

„Ja bitte?"

„Draußen wartet Herr Marlboro"

„Soll reinkommen."

„Guten Tag, Herr Marlboro. Bitte nehmen Sie Platz. Was kann ich für Sie tun?"

„Vielen Dank! Ich bin gekommen um meine Erfindung zum Patent anzumelden"

„Sehr schön, worum handelt es sich dabei?"

„Meine Erfindung heißt „Zigarette". Ist etwas völlig Neuartiges, nie dagewesen und revolutionär. Millionen von Menschen werden sich bald nicht vorstellen können, wie ein Leben ohne mein Produkt zuvor möglich war."

„Das klingt ja höchst interessant. Lassen Sie hören."

„Sehr gerne. Schauen Sie, hier habe ich den Prototyp: Getrocknetes und klein gehacktes Unkraut in einer Papierrolle."

„Na das ist ja in der Tat mal etwas ganz Neues. Und was stellt man damit an?"

„Kinderleicht! Sehen Sie, der Konsument steckt sich ein Ende in den Mund und zündet das andere an. Dadurch entsteht ein unangenehm riechender Qualm, eine Mischung aus schmutzigem Teer, dem Nervengift Nikotin und sonstiger Schadstoffe, die er daraufhin genussvoll inhaliert. Ganz offensichtlich macht ihn

diese Prozedur zu einer beneidenswerten, welt-
männischen und fröhlichen Person, die in den Augen
seiner Umwelt höchsten Respekt und Anerkennung
erntet sowie Begierde weckt."

„Wie bitte, sind Sie noch ganz bei Sinnen? Sie
wollen mir weismachen, dass Sie auch nur einen
einzigen Deppen finden der so dämlich ist und
freiwillig sein Geld verpulvert, indem er den Rauch von
verbranntem Unkraut und Papier inhaliert?"

„Hohlköpfe, die aus freien Stücken ihre Gesundheit
ruinieren, dabei die Umwelt verpesten und behaupten,
dies wäre ihnen ein Genuss? Die denken, dass sie
andere mit diesem geisteskranken Verhalten
beeindrucken? Wo um alles in der Welt wollen Sie
solche verstörten Masochisten finden, in der
Klapsmühle?"

„Bitte verlassen Sie mein Büro, Herr Marlboro, ich
habe wichtigere Dinge zu tun!"

„Auf Wiedersehen."

Diese Szene ist fiktiv. „Wie bescheuert ist das denn?"
Das Absurde, schier Unfassbare ist, dass es
scheint, als wäre es tatsächlich so abgelaufen. Der
Siegeszug der Zigarette um die Welt ist ja zu einer
Tatsache geworden.

Gleichzeitig ist diese Szene ein hervorragendes
Beispiel dafür, dass man nie aufgeben sollte, an

sich und seine Träume zu glauben, egal, ob andere mit dem Kopf schütteln.

George Bernard Shaw hat das einmal so formuliert:

> *„Menschen, die etwas für unmöglich halten, sollten niemals andere stören, die es gerade vollbringen.“*

Rauchen entbehrt jeglicher Logik. Man könnte Tränen lachen über den gequirlten Schwachsinn des Herrn Marlboro. Dabei ist es doch eher zum Weinen und hat die internationale Tabakindustrie immens reich gemacht.

Wenn Sie über das Gespräch im Patentamt geschmunzelt haben, dann haben Sie sich über sich selbst amüsiert! Jeder Raucher ist schlussendlich dem mutmaßlichen Verkaufsflop des Herrn Marlboro auf den Leim gegangen.

Ausgerechnet das vermeintlich intelligenteste Lebewesen dieser Erde hat eine der dümmsten Verhaltensweisen hervorgebracht, die man sich vorzustellen in der Lage ist.

> *„Zwei Dinge sind unendlich“*, soll Albert Einstein behauptet haben: *„Das Universum und die menschliche Dummheit. Bei ersterem bin ich mir allerdings nicht ganz sicher.“*

Die milliardenschwere Zigarettenindustrie ist der lebende Beweis dieser frustrierenden These.

2 bis 3 Tage nach der letzten Zigarette:
Geschmacks- und Geruchssinn sind wieder einwandfrei

DIES & DAS ÜBER DEN TABAKGENUSS

Die Zigarette ist in unserer Gesellschaft, neben Alkohol, das am häufigsten konsumierte und frei erhältliche Suchtmittel. Was an sich schon erstaunlich ist, denn das im Tabak enthaltene Nikotin ist eines der stärksten, dem Menschen bekannten Gifte und gehört zu den am schnellsten süchtig machenden Drogen. Bereits 50 mg reines Nikotin sind für den menschlichen Körper tödlich.

Um einen Vergleich zu haben, wie wenig das ist: Ein Zuckerwürfel wiegt 3,300 mg (3,3 g). Nikotin im Gewicht eines einzigen Zucker-würfels wäre demnach genug, um 66 Menschen umzubringen. Können Sie sich die Schlange von 66 Menschen vorstellen und davor den winzigen Nikotinwürfel? Kaum ein Gift hat eine so enorm starke Wirkung.

Alkoholabhängigkeit ist keine „dumme Ge-wohnheit", sondern eine stark persönlichkeits-abhängige Krankheit, von der nicht unbedingt jeder in gleichem Maße betroffen wird, der alkoholische Getränke zu sich nimmt. Sie kommt schleichend und hat genauso wenig mit fehlender Willenskraft zu tun wie Diabetes.

Damit unterscheidet der Alkohol sich fundamental vom Tabak. Gleichwohl sind beide Drogen.

Man hört immer wieder, dass Rotwein gesund ist. Das stimmt nicht. Bestimmte Inhaltsstoffe des Rotweins sind gesund. Diese bekommt man aber auch über Traubensaft. Der Alkohol im Wein und allen anderen Getränken ist jedenfalls alles andere, als gut für die Gesundheit.

Das Nikotin im Tabak wiederum ist eine schnell wirkende Substanz und schon in kleinen Mengen schädlich. Und zwar für *alle* Menschen. Es wirkt **augenblicklich** auf die Ganglien des vegetativen Nervensystems. Aus diesen Gründen ist es meines Erachtens viel einfacher, diese stinkige Gewohnheit zu begraben. Man muss es nur schaffen, die richtige Einstellung zu entwickeln. Ich weiß, das klingt fragwürdig. Aber Zigaretten sind, wenn man es erst einmal verstanden hat, eine relativ harmlose Droge in Bezug auf die Entwöhnung. Das ist zumindest meine persönliche Erfahrung, die ich in diesem Buch mit Ihnen teilen werde.

Als ich das Rauchen ein für alle Mal sein ließ, litt ich unter keinerlei nennenswerten körperlichen Entzugserscheinungen. In keinem Moment schleppte ich mich zitternd über dem Fußboden einer Entwöhnungszelle, von Krämpfen geschüttelt und mit Schaum vor dem Mund etc.

Kokain, LSD, Ecstasy etc. befördern den Konsumenten zumindest kurzfristig und blitzschnell in eine schillernde Welt der Halluzinationen und des *„Wow, ist das alles schön bunt hier.“* Der Zigarettenqualm dagegen löst zu Beginn keinerlei „positiv“ empfundene Effekte aus. Jeder Neuling quält sich gewissermaßen zum Raucher.

Die ersten Zigaretten erregen Kopfschmerzen und Schwindel. Sie verursachen einen widerlich brennenden Geschmack auf der Zunge, ein Kratzen im Hals, Hustenreiz und sogar Durchfall. Man muss sich zur nächsten überwinden und einige mentale Kraftakte dafür aufbringen. Erst wenn der Ausdauernde diese schwierige Anfangszeit überstanden hat, steht der permanenten Degeneration des eigenen Körpers nichts mehr im Wege.

Es ist eben dieses Nikotin, ein innerhalb von Sekunden wirkendes Nervengift der Tabakpflanze, welches uns dazu bringt, nicht gleich nach dem ersten Zug das Handtuch zu schmeißen. Da es die Nerven sind, die unsere

Gedanken über das Gehirn steuern, kann das Nikotin uns auf diese Weise manipulieren, unmittelbar und ohne Ausnahme. Warum sonst sollte jemand so dämlich sein und auf Biegen und Brechen versuchen Geschmack für etwas zu entwickeln, was verrußt schmeckt?

Da jede Zigarette nur eine winzige Dosis Nikotin enthält, hält die Wirkung nicht lange an. Direkt nach dem Rauchen einer Zigarette, beginnt der Nikotinspiegel im Körper bereits wieder zu sinken. Je mehr er sinkt, desto stärker das Verlangen nach der nächsten Zigarette.

Und so geht es immer weiter, ausmachen und anmachen, Stunde um Stunde, Tag für Tag, Jahr für Jahr, ein Leben lang.

Es sei denn, man stoppt das Rauchen.

Anfangs haben sogar die Zigarettenhersteller selber sich gewundert, warum Menschen nicht mehr mit dem Rauchen aufhören wollen. Erst in den 70er Jahren wurde nachgewiesen, dass es am Nikotin der Zigarette liegt. Diese Erkenntnis erzeugte allseits große Freude bei den Produzenten. Hände wurden geschüttelt, man umarmte sich, Sektkorken flogen und Jubel brach aus. Dann wurde dieses Wissen geflissentlich weggeschlossen und für die

Außenwelt geheim gehalten. Dass Zigaretten toxisch sind, das sollte keiner erfahren. Zu lukrativ war das Geschäft geworden.

Im Nachhinein muss man sagen, hätten sie gerne bekannt geben können, dass Tabakkonsum den Raucher durch Nikotin krank macht und vergiftet. Heute weiß es längst jeder und trotzdem wird munter weiter gepafft.

Beim Nikotin ist irgendwie alles schnell. Schnell wird man abhängig, schnell lässt die Wirkung nach und schnell ist es aus dem Körper verschwunden, sobald jemand das Rauchen sein lässt. In der Regel dauert es nicht länger als drei bis fünf Tage bis es vollständig vom Organismus abgebaut wurde. Danach ist absolut nichts mehr vorhanden. Der Körper hat das Gift über die Nieren, Leber und die Blase bzw. den Darm ausgeschieden. Dies ist im Übrigen auch der Grund, warum Raucher so häufig Nieren-, Leber-, Blasen- und Darmkrebs bekommen. Aber das nur nebenbei, denn ganz offensichtlich macht auch diese Erkenntnis niemanden zum Nichtraucher. Warnungen und Statistiken über Krankheiten, den frühzeitigen Tod und gut gemeinte Ratschläge will der Raucher nun mal nicht hören. Sie machen ihn nervös und lassen ihn gleich zur nächsten Zigarette greifen.

Jetzt stellt sich natürlich die Frage, warum das Verlangen nach der Zigarette dann nicht nach spätestens fünf Tagen verebbt ist? Die Antwort lautet: weil der Kopf das Nikotin immer noch vermisst. Nach der körperlichen, tritt nun die psychische Abhängigkeit in den Vordergrund. Sie ruft die "schönen" Momente des Rauchens in die Erinnerung zurück. Der Mensch tendiert generell dazu, das Negative zu verdrängen und sich an das Positive zu erinnern. Geht es um eine Droge, ist dieses Verhalten noch sehr viel stärker ausgeprägt.

Fast unbemerkt macht sich eine Leere breit im Ex-Raucher, das Gefühl, etwas zu vermissen. Das ist ja in der Tat auch der Fall. Er hat etwas aus seinem Leben verbannt, mit dem er zuvor einen Großteil seiner Tage verbracht hat. Und diese Zeit des Rauchens hatte er als angenehm empfunden. Also verdrängt der eben erst der Zigarette Abschwörende die Gründe, warum er aufhören wollte und sehnt sich zurück nach seiner glücklichen Zeit als Raucher. Das ist in etwa so logisch als wenn man die 30 km Begrenzung der verkehrsberuhigten Zone wieder aufhebt, da ja seit einer Woche kein Unfall passiert ist und kein Kind überfahren wurde. Man darf jetzt wieder so richtig Vollgas geben.

Wie man es dennoch schafft, der Sucht für immer adieu zu sagen, davon handelt dieses kleine Büchlein. Das Motto lautet: *Wer seinen Feind kennt, hat bessere Chancen ihn zu besiegen. Auch die Zigarette hat ihre Achillesferse.*

Genauso lange wie man braucht um der Zigarette zu verfallen, kann man die Gier nach ihr auch wieder loswerden. Gute zwei Wochen haben bei mir gereicht.

Nach Beendigung dieses Buches sind hoffentlich auch Sie auf dem Weg zum überzeugten Nichtraucher. Jegliches Verlangen nach einer Zigarette erloschen. Egal ob jemand in Ihrer Gegenwart raucht, ob Sie Alkohol oder Kaffee konsumieren, Stress, Ärger, Langeweile, Freude oder Wut empfinden, bei den Kollegen in der Raucherecke stehen, in der Raucherkneipe am Tresen hocken, ob es Ihnen gut oder schlecht geht. Sie sind schlicht und ergreifend ein Mensch, der keine Zigarette braucht. Sie sind immun geworden. Sie sind ein **aktiver** Nichtraucher und stolz auf sich.

Sie werden, genau wie ich, Raucher in ihrer Umgebung beobachten, schmunzeln und sich fragen, wie es möglich ist, dass sie selber jemals diesen Nonsens mitgemacht haben.

Wir alle werden geboren mit einem Verlangen nach Liebe, Anerkennung, Wärme, Nahrung etc. Kein Mensch wurde jemals geboren mit dem Verlangen nach Nikotin oder einer anderen Droge. Wer raucht, der wurde dazu verleitet. Durch falsche Freunde, falsche Vorbilder oder eine permanente direkte und indirekte Werbung.

Der Einzige, der rauchen sollte, ist der Schornstein.

Führen wir uns an dieser Stelle die Inhaltsstoffe des „genussvollen" Tabakrauches einmal ganz kurz vor Augen: *

- Feinstaub (winzige Staubteilchen)
- Kohlenmonoxid (wie in Auspuffgasen)
- Teer (Straßenbelag)
- Nikotin (Giftstoff)
- Aceton und Toluol (Lösungsmittel)
- Ammoniak (Reinigungsmittel)
- Methanol und Benzol (Reinigungsmittel)
- Arsen und Blausäure (Gifte)
- Butan (Camping-, Feuerzeuggas)
- Nickel, Kadmium, Zink und Blei (wie in Batterien)
- Formaldehyd (Desinfektionsmittel)
- Methylisocyanat (chemisches Zwischenprodukt)

- Naphthalin (Schädlingsbekämpfungsmittel)
- Phenole (Schädlingsbekämpfungsmittel)
- Nitrosamine (Stickstoffgemische)
- Radon und Polonium (radioaktive Substanzen)
- Schwefelsäure (Ausgangsstoff chemischer Produkte)
- Stickoxide (Oxidationsmittel)

* Quelle: Landesinstitut für Schule, Bremen

Um das Abhängigkeitspotential zu steigern und damit es nicht ganz so gruselig schmeckt, werden je nach Belieben und Marke Zusatzstoffe wie Zucker, Menthol, Kakao, Lakritze, Honig, Gewürze oder Speisestärke hinzugefügt. Insgesamt ca. 120 Einzelsubstanzen und 115 Gemische sowie 160 Aromen. Prost Mahlzeit!

Mit anderen Worten. Wenn ich „genussvoll" rauche, inhaliere ich einen kunterbunten Cocktail aus Gift, Reinigungsmittel, Asphalt, Papier und verschiedenster Chemikalien. Ich mache es freiwillig und gebe viel Geld dafür aus. Es ist die Realität, vor der jeder Raucher offenkundig gerne die Augen verschließt. Stattdessen behauptet er sogar allen Ernstes, dass der Rauch aus der Verbrennung all dieser ekeligen Substanzen lecker schmeckt.

Und weil Zigaretten so unwiderstehlich sind, ist der Raucher auch gerne bereit, jede Preiserhöhung ohne Murren mitzumachen. Kaum ein anderes Produkt kann sich solch exorbitante Gewinnmargen und Steuersätze erlauben wie Tabak.

Beim Broteinkauf im Supermarkt überlegt der Sparfuchs angestrengt, ob er das eine nimmt, oder doch besser das andere, weil es 30 Cent günstiger ist. Da könnte er doch Geld sparen. An der Kasse angekommen, schmeißt der gleiche Mensch dann, ohne mit der Wimper zu zucken, zwei Big Box auf das Band, die zusammen um die 20 € kosten. Was ist los mit dem Raucher? Ganz einfach, er ist süchtig.

Selbstbetrug und irrationales Handeln sind etwas, was die Raucher mit allen anderen Drogenabhängigen gemein haben. Beim Raucher ist es das Nikotin im Tabak, beim Alkoholiker der Alkohol in der Flasche und beim Heroinsüchtigen der Inhalt seiner Spritze.

Willkommen im Club der Junkies.

Wozu nur einmal im Jahr einen traumhaften Urlaub unter der Sonne verbringen, wenn ich mir für das gleiche Geld tagtäglich kleine Dosen dieser toxischen Mischung verabreichen kann? Können Sie sich einen solchen Gedanken logisch erklären? Nein? Ich mittlerweile auch nicht mehr. Ich fahre in Urlaub.

Was also macht ein Raucher, der all dies weiß? Richtig, in aller Regel greift er zur Schachtel und zündet sich eine Zigarette an. Das beruhigt ihn erst mal. Wie ist das möglich? Hier meine Erklärung: Die negativen Informationen dringen schlichtweg nicht zu ihm durch. Sie prallen ab von etwas, was bereits vorher dort implementiert wurde. Der Bereich des Gehirns, wo sie wahrgenommen und verarbeitet werden sollten, ist schon belegt. *„Sorry amigo, hier ist kein Platz mehr für dich."* Wäre das nicht so, würde kein Mensch freiwillig rauchen. Rauchen wäre wohl eher eine alternative Foltermethode.

„Hier, rauch dieses Giftgemisch, oder sag uns, wo du die Diamanten versteckt hast."

In der Schule hatte man uns Teenagern Aufklärungsvideos gezeigt über schwarze Lungenflügel und absterbende Raucherbeine.

Heutzutage sind diese Bilder unübersehbar direkt vorne auf die Schachtel gedruckt. Man muss nicht einmal lesen können. Haben all diese erschreckenden Berichte, Statistiken, Warnungen und fürchterlichen Ekelbilder dafür gesorgt das Rauchen zu eliminieren? Augenscheinlich nicht.

„Ein leidenschaftlicher Raucher, der immer von der Gefahr des Rauchens für die Gesundheit liest, hört in den meisten Fällen auf… zu lesen."

(Winston Churchill)

Jeder, der sich einbildet, dass er gerne raucht, blendet unliebsame Reize aus. Die für viele andere Bereiche des Lebens notwendige „selektive Wahrnehmung" des Menschen, macht es möglich.

Gemäß der Bewusstseinsforschung, werden pro Sekunde Tausende von Sinneseindrücken in unserem Gehirn verarbeitet. Davon nehmen wir jedoch nur etwa 40 tatsächlich wahr. Würde der Mensch alle Signale, Informationen und sonstige Einflüsse seiner Umgebung registrieren, er würde schlichtweg verrückt werden. Unser Gehirn kann einfach nicht alles verarbeiten.

Entscheidend für den Raucher ist daher nicht was er weiß, sieht oder liest, sondern was er glaubt. Das, was sich in seinem Hirn bequem gemacht hat. Diesen Umstand macht sich die Tabakindustrie seit ihrer Entstehung gewinnträchtig zunutze. Sie war bereits Meister im Verbreiten von „fake news", als das Internet, Twitter, Instagram und Facebook noch Zukunftsmusik waren. Ihre Strategie war und ist es bis heute, uns permanent mit Lügen und

Verzerrungen der Wahrheit zu füttern. „Alternative Wahrheiten" hat das vor kurzem einmal jemand tituliert.

Welche Hirngespinste hat man uns Rauchern implementiert:

- „Rauchen entspannt mich"
Haben Sie einmal einen Raucher beobachtet, dem die Zigaretten ausgehen und keine zweite Schachtel zur Verfügung steht? Da ist von Entspanntheit nichts zu erkennen. Ein Raucher ist nicht entspannt, er ist nur vorrübergehend nicht *verspannt*.

Wie wir bereits wissen, beginnt der Nikotinpegel im Blut bereits wenige Sekunden nachdem ein Raucher eine Zigarette ausdrückt, wieder zu sinken. Je weiter dieser fällt, umso unwohler fühlt er sich und das führt zu einer Verspannung. Wird diese zu groß, steckt er sich die nächste Zigarette an und versorgt sein Blut mit neuem Nikotin. Jede Zigarette vermittelt ihm also tatsächlich, allerdings lediglich für die wenigen Minuten des Rauchens, das Gefühl von Entspannung. Es ist die Entspannung von einer *Verspannung* die sich in ihm langsam aufgebaut hat, seitdem er die vorherige Zigarette ausgemacht hat. Eine Verspannung, die er als Nichtraucher gar nicht hätte.

- „Rauchen hält mich wach und erhöht meine Konzentration"

Selbst wenn es möglich wäre, dass ein und dieselbe Substanz sowohl entspannt als auch wach hält und die Konzentration erhöht, gibt es für all diese Gemütszustände bessere, gesündere und günstigere Alternativen.

Sehr viel wahrscheinlicher ist, dass es sich um etwas wie einen „Placebo-Effekt" handelt, eine geistige „Fata-Morgana". Man empfindet, was man empfinden möchte, aber es ist nicht die Realität.

- „Rauchen ist gesellig"

Das wird sicherlich jeder Raucher bestätigen. Aber fragen Sie einmal die Nichtraucher in Ihrer Umgebung. Die sehen das ganz anders.

- „Rauchen schmeckt gut"

Rauch aus Ruß und Teer auf den Geschmacksknospen im Mund- und Rachenraum ist die Ankündigung des Nikotins. Danach sehnen sich Kopf und Körper des Rauchers. Anders ist es nicht zu erklären, dass dieses Aroma als lecker empfunden wird. Wäre der Raucher nicht süchtig, würde er sich genauso davor ekeln wie jeder Nichtraucher. Nur ein einziges Mal nimmt auch ein Raucher den wirklichen Geschmack des Zigarettenrauchs wahr. Nämlich bei der allerersten Zigarette. Ab der zweiten ist er schon süchtig und beginnt Geschmack für etwas zu entwickeln, was scheußlich schmeckt.

"Ich hätte gerne 3 Kugeln Eis in der Waffel. Einmal Sahne-Kirsch, einmal Mango und einmal Teer-Ruß."

- „Die Zigarette ist mein kleiner Freund. Sie gibt mir Halt, Gesellschaft und Selbstvertrauen. Sie ist immer und überall für mich da"

Das stimmt. Die Zigarette ist ein Freund, aber ein falscher. Echte Freude wollen, dass es Ihnen gut geht. Die Zigarette will das genaue Gegenteil. Sie ist ein hinterhältiger, böser Wolf im Schafspelz, der uns zu seinem Sklaven macht. Schauen Sie einmal genauer hin.

- „Rauchen ist eine Belohnung"

Das ist jede andere Droge auch, für jeden der süchtig ist. Alle anderen Menschen können gut und gerne auf eine solche Art von "Belohnung" verzichten.

- „Rauchen macht mich anziehend"
Aber sicher doch. Bräunlich verfärbte Zähne, gelbe Finger und übelerregend muffender Atem sind in der Tat unwiderstehlich. *„Was ich an Karl-Gustav am meisten mag, sind seine tiefblauen Augen und die freiliegenden dunkelgelben Zahnhälse".*

- „Ich rauche, weil meine Eltern es nicht wollen"
Na klar. Die wollen auch nicht, dass du dir den Daumen abschneidest. Tust du es deswegen trotzdem, du pubertärer Pfiffikus?

- „Rauchen verschafft mir Zugehörigkeit"
Stimmt. Aber zur falschen Gruppe.

Wenn rauchen wirklich all diese, im wahrsten Sinne des Wortes „fabelhaften" Effekte hat, warum rauchen dann nicht alle Menschen und warum wollen so viele Raucher mit dem Rauchen aufhören oder haben es bereits getan?

Etwa 72 Stunden nach der letzten Zigarette: *Sämtliches Nikotin ist aus dem Körper verschwunden*

NUTZEN UND VORTEILE
DES RAUCHENS

Ja, natürlich, Nutznießer gibt es eine ganze
Menge:

- *„Juhu, ich schaffe wieder die schwarze Null. Kann es
  sein, dass ich die Tabaksteuer vielleicht doch noch
  nicht hoch genug angesetzt habe?"*
  (Bundesfinanzminister)
- *„Meine Damen und Herren. Ob Sie es glauben oder
  nicht, es gibt tatsächlich Menschen, die gerne mehr
  als 6 EUR für eine Schachtel Zigaretten ausgeben.
  Nicht in unseren kühnsten Träumen hätten wir das
  erwartet. Freuen wir uns heute gemeinsam über den
  höchsten Börsenkurs aller Zeiten."*
  (Aktionärsversammlung bei Philip Morris)
- *„Stellen Sie sich vor, Frau Müller-Thurgau. Mein
  Sohn hat auf Anhieb eine Stelle als Arzt
  bekommen."*
  (Als Spezialist für Atemwegserkrankungen in
  der Onkologie).

Diese Liste könnte man noch seitenweise
fortführen: Werbebranche und Verpackungs-
industrie, Tabakanbauer in Drittweltländern und
deren minderjährige Arbeiterschaft, Logistikun-
ternehmen, Krankenhäuser und Kuratorien,

Pestizid-, Pharma-, Nikotinersatzmittel-, Husten-bonbon- und Aschenbecherproduzenten, Zahn-ärzte, Rauchmelder-Hersteller für Flugzeug-WCs, Zigarettenschmuggler, Tabakhändler und Roh-stoffbörsen, Anbieter von Nichtraucherse-minaren usw. Millionen von Menschen weltweit profitieren vom blauen Dunst.

Überlegen Sie nur einmal, es würden von heute auf morgen alle Raucher auf diesem Planeten ihre lästige Angewohnheit an den Nagel hängen. Abertausende Arbeitsplätze gingen verloren. Ein globaler Börsencrash würde die Märkte erschüttern, wie es die Welt noch nie gesehen hat.

Dieses Szenarium hat Verschwörungstheorien hervorgebracht, die mächtige Interessenge-meinschaften vermuten, welche im Hintergrund dafür sorgen, dass dem Raucher die Freude an seinem Konsum nicht vergeht.

Nutznießer gibt es demnach zu Hauf. Wen Sie allerdings wieder einmal vergeblich auf der Liste der Profiteure suchen werden, sind *Sie!* Drehen und wenden Sie es wie Sie möchten. Nutzen und Vorteile für den Raucher gibt es keine. Es sei denn, jemand erachtet es als positiv, wenn er aufgrund der Folgen seiner Sucht eine vorzeitige Invalidenrente beziehen kann.

Sie wären gerne Millionär? Stellen Sie sich bitte einmal vor, der Privatsekretär von Bill Gates klopft eines Morgens bei Ihnen an die Tür und bietet eine Million Dollar für Ihren linken Lungenflügel, Ihre Leber oder wenigstens Ihre klitzekleine Bauchspeicheldrüse. Würden Sie ja sagen? Die Antwort ist offensichtlich!

Unsere Gesundheit macht uns zum Millionär. Wir besitzen etwas, was wir für alles Geld der Welt nicht verkaufen würden. Trotzdem behandelt jeder Raucher seine wertvollen Organe wie einen Müllplatz.

Fazit: Es gibt keine positiven Seiten des Rauchens. Suchen zwecklos. Es gibt:

- ✓ keinen Nutzen
- ✓ keinen Vorteil
- ✓ keine Verbesserung
- ✓ keinerlei Vorzüge
- ✓ keinen Gewinn
- ✓ keine positiven Effekte
- ✓ keine positiven Nebeneffekte

Rauchen bringt dem Raucher ganz genau Null Komma nix. Er glaubt es nur. Er redet es sich ein und bekommt es eingeredet. Wo genau liegt der Hase im Pfeffer?

Nicht reale Argumente, sondern Ammen-
märchen lassen uns zur Zigarette, Zigarre oder
Pfeife greifen. Fiktion statt Fakten. Als ich meine
Augen ein für alle Mal dafür geöffnet hatte, war
es für mich ein Pappenstiel, diese Aktivität zu
Grabe zu tragen.

Lesen Sie die folgenden Absätze. Schließen Sie
dann die Augen und lassen das Gelesene
innerlich Revue passieren. Dies ist die Realität,
der uns von der Tabakwerbung implantierten
Vorbilder:

- *Das cholerische HB Männchen aus Großvaters
  Zeiten*, dem die Zigaretten ausgehen. Als es
  mitten in der Nacht keinen Nachschub
  findet, fischt es noch die kalten Kippen aus
  dem Mülleimer um daran zu saugen. Dann
  geht er in die Luft. Hoffentlich sieht ihn
  keiner.
- *Die „elegante" Dunhill Dame* verstohlen um
  sich schauend im Krankenhaushinterhof,
  gleich bei den Mülltonnen. Ihren mageren,
  von Falten zerfurchten Hals schmückt ein
  sündhaft teures Diamantenkollier. Neben
  sich den überquellenden Aschenbecher,
  Kippen und gespucktes Blut rundherum.
  Lackschwarze lange Fingernägel an senfgelbe

Fingerkuppen geklebt. Gerade steckt sie eine Zigarette mit der vorherigen an. Sie merkt es nicht einmal.

- *Wayne McLaren, der kernige Marlboro Cowboy* auf seinem letzten Ritt ins Nirwana. Wenn er nicht gerade hustet und würgt, produziert er krächzende Laute durch ein Röhrchen in seinem Hals. Er starb mit nur 52 Jahren an Lungenkrebs.

Viele Menschen brauchen Idole als Leitfiguren in ihrem Leben. Diesen Umstand nutzt die Zigarettenindustrie aus. Lassen Sie sich nicht blenden. Hierbei handelt es sich um gut gemachte Trugbilder, die jeglicher Realität entbehren.

„Ein letzter Wunsch, bevor das Erschießungskommando dich ins Jenseits befördert, einsamer Reiter?"

„Ja, eine Zigarette, bitte!"

Wer hat diese Szene noch nicht in einem Film oder Lucky Luke Comic verfolgt. Wohl fast jeder. Als wäre eine Zigarette das Erstrebenswerteste auf der Welt. Was für ein Blödsinn! Haben Sie sich also bei dieser Filmszene lauthals lachend auf die Schenkel geklopft? Wohl fast niemand hat das gemacht. Dabei ist es doch ganz offensichtlich zum Schießen komisch. Und schwupp, schon war die Lüge in Ihrem Kopf.

Der Friedhof ist voll von Menschen die dachten, dass Rauchen das Größte ist. Der einsame Reiter ist nun einer von vielen.

2 Wochen nach der letzten Zigarette:
Der Schleim der Atemwege löst sich

DIE „ICH-OPFERE-MICH-METHODE"

Jetzt kommen wir so langsam zum eigentlichen Knackpunkt: Auf welche Art und Weise habe ich mit dem Rauchen aufgehört und wie ist es mir *nicht* geglückt.

Die, ich nenne sie die **„Ich-opfere-mich-Methode"**, wenden all diejenigen an, die (noch) nicht wissen, wie man es anstellt, sich genussvoll vom Krebsstängel zu verabschieden. Sie ist das trostlose Unterfangen sich zum Nichtraucher zu quälen.

Diese Strategie beginnt zumeist mit einem Spruch, wie: *„Ich möchte gerne anfangen, das Rauchen aufzugeben."* Dieser Mensch glaubt etwas aufzugeben, was er im Grunde seines Herzens gar nicht missen möchte. Er verflucht sich im gleichen Moment, in dem er seinen Vorsatz getroffen hat.

Wer kennt dieses Szenario nicht:

> *„Du, ich habe beschlossen jetzt endgültig das Rauchen aufzugeben."*
>
> *„Prima, Glückwunsch, toi toi toi. Ich beneide dich. Glaubst du, dass du es schaffst?"*

„Ich hoffe, dass ich es durchhalte, ist ja verdammt schwer eine Gewohnheit abzulegen. Aber wenn man etwas wirklich will, dann geht es auch. Ist eine Frage der Willenskraft. Klar, leicht wird es nicht, für immer auf die Zigaretten verzichten zu müssen. Insbesondere diejenigen, die ich am meisten genieße, morgens mit dem leckeren Kaffee und nach jedem Essen."

„Stimmt, die schmecken göttlich. Ich selber werde auch erst richtig wach, wenn ich Kaffee und Zigarette in der Hand halte."

„Na gut, ohne Leiden wird es nicht gehen. Die nächste Zeit wirst du mich auf keiner Party sehen. Ganz bestimmt bin ich erst mal eine ganze Zeit motivationslos, schnell gestresst und gereizt. Das möchte ich euch nicht zumuten."

„Logisch, verstehe ich. Das ist nett von dir. Alkohol ohne Zigarette, das geht ja gar nicht. Aber irgendwann hast du es dann bestimmt geschafft".

„Ja danke, das hoffe ich auch."

„Komm, lass uns die letzte Chesterfield miteinander teilen, Kumpel. Morgen wird es dann ernst für dich."

Dieser Mensch meint es gut. Aber gut gemeint ist das Gegenteil von gut. Er will von der Droge weg, allerdings mit der falschen Herangehensweise.

Bei der „Ich-opfere-mich-Methode, suggeriert der Gutmeinende, dass:

- ✓ ihm schwerste Entzugserscheinungen bevorstehen. *Das macht ihm Angst.*
- ✓ er zukünftig auf etwas Genussvolles verzichtet, was ihm bisher Vergnügen bereitet hat. *Das möchte er nicht.*
- ✓ er sich auf einen langen qualvollen Weg der Entbehrung begibt. *Das schreckt ihn ab.*

So wird das nie was. Meiner Auffassung nach, kann man sich Symptome wie Motivationslosigkeit, Stress, Stimmungsschwankungen, Unruhe, Müdigkeit, Gereiztheit etc. auch herbeireden.

Selbsterfüllende Negativszenarien machen keinen Sinn. Sie produzieren Erwartungen über Gemützustände, die noch gar nicht eingetreten sind und vielleicht niemals eintreten. Bleiben Sie positiv. Bei mir hat sich nichts dergleichen eingestellt. Und selbst wenn einige davon eingetreten wären, sie hätten mich nur temporär begleitet.

Raucher, die sich mit der "Ich-opfere-mich-Methode" zum Nichtrauchen peinigen, verwenden gerne das Märchen der Gewohnheit als

Vorwand. *"Wie unglaublich schwer es ist, etwas zu lassen, was man über so lange Zeit gemacht hat."*

Raucher die, so wie ich, mit der "Leitmotiv-Methode" zum Nichtraucher werden, schaffen es relativ entspannt diese Unsitte abzulegen. Warum? Aus dem gleichen Grund, warum Sie sich im Handumdrehen an das neue Auto, das spätere Aufstehen, die Verliebtheit, die Beförderung bei der Arbeit oder eine Lesebrille gewöhnen. Weil sie davon profitieren.

Die „Ich-opfere-mich-Methode" macht niemanden niemals zum echten Nichtraucher. Sie verwandelt den Raucher bestenfalls in einen *inaktiven* Raucher. Einer, der temporär nicht raucht, obwohl er doch so gerne rauchen würde. Deshalb muss er auch permanent daran denken. Er glaubt nicht einmal selber an sein Vorhaben. Ein festes Vertrauen in das Gelingen, ist aber eine der Grundvoraussetzungen für den Erfolg. Ohne Selbstvertrauen geht es nicht, wenn man geistige Berge versetzen will.

Dieser Mensch hat nicht aufgehört, er hat sich nur vorrübergehend in den „Standby-Modus" versetzt. Ein Schläfer, der in jedem Moment aus seiner selbstauferlegten, alptraumhaften Selbstgeißelung erwachen kann. Dann dauert es keine fünf Sekunden bis das Feuerzeug „klick" macht und das schlechte Gewissen in ihm zu kichern beginnt.

Sein „Schlaf" kann Stunden, Tage, Wochen aber auch Jahre dauern. Immer bleibt es ein mühsamer Kampf gegen Windmühlen. Ein stabiler Dauerzustand sieht anders aus. Der sich reumütig opfernde Zeitgenosse ist nichts weiter als eine tickende Zeitbombe die jederzeit explodieren kann. Er sieht nicht nur aus wie eine Lunte, er hat eine, die nur darauf wartet, auf das Streichholz zu treffen.

Was „befreit" das „Opfer" von seinem „Martyrium":

- Ein besonderer Moment: „*So, jetzt habe ich mir nach so langer Abstinenz aber doch mal wieder eine „schöne" Zigarette verdient.*"
- Ein tragischer Moment: „*Alles egal, jetzt kann ich auch wieder rauchen.*"
- Falsche Freunde: „*Hör mal, jetzt wo du schon so lange Nichtraucher bist, kann dir eine einzige Zigarette doch nichts anhaben. Komm, ich lass eine Fluppe springen.*" Drogenabhängige haben Angst, einen „Weggefährten" zu verlieren. Es lässt sie selber wie einen Schwächling dastehen und versetzt sie in Erklärungs- notstand für das eigene Fehlverhalten. Es

entsteht ein für sie unangenehm empfundener Druck, es ebenfalls versuchen zu müssen, was sie gar nicht wollen.

- Ärger oder Stress: *„Das macht mich wahnsinnig, wo ist meine Beruhigungszigarette?"* Rauchen mindert den empfundenen Stress nur während der wenigen Minuten, in denen der Raucher seine Zigarette raucht. Es ist der Stress, den er durch den Nikotinabfall seiner letzten Zigarette selbst generiert hat. Die übrige Zeit seines Daseins steht ein Raucher, genau wie alle Drogenabhängigen, unter permanentem (Entzugs-)Stress, ausgelöst durch das Verlangen nach der nächsten Dosis.

  - Frust über etwas oder jemanden: *„So, das hat er/sie jetzt davon. Es ist seine/ihre Schuld, dass ich rückfällig geworden bin."*

Inaktive Raucher, die nach der „Ich-opfere-Methode" vorgehen, hängen bereits ab der ersten Zigarette wieder am „Tropf". Selbst, wenn sie es zuvor zwanghaft geschafft hatten, jahrelang rauchfrei zu bleiben. Sie waren die ganze Zeit über schlicht und einfach *nichtrauchende* Raucher, aber keine Nichtraucher. Das ist ein gewaltiger Unterschied.

Wie soll es auch anders sein, sind sie doch niemals wirklich „clean" geworden.

Wer sein Raucherdasein „opfert", der verlangt in der Regel nach Ersatz, obwohl dies nicht gerechtfertigt ist. Ersatz brauchen wir nur für etwas, das wir vermissen, was eine Lücke hinterlässt, die geschlossen werden muss. Giftigen schmutzigen Qualm zu inhalieren braucht niemand und hinterlässt deshalb auch keine Lücke. Man muss es einfach nur sein lassen. Mehr gehört nicht dazu.

Was als Leere empfunden wird, ist kein Verlust sondern ein Gewinn, es ist die neu gewonnene Zeit. Wer täglich 20 Zigaretten a 5 Minuten raucht, der vergeudet damit rund 1,5 Stunden am Tag. Diese Zeit bekommt er geschenkt, sobald er mit dem Rauchen aufhört. Kostbare Lebenszeit, um sich bei den übrigen Dingen des Alltags mehr Zeit zu lassen, öfters mal zu entspannen, sich dem Partner, der Familie oder Freunden zu widmen, oder endlich das zu machen, wozu ihm zuvor die Zeit gefehlt hat.

Wer sich einredet, dass er als Nichtraucher jetzt plötzlich ständig Schokolade und Sahnetörtchen in sich hineinstopfen muss, der ist auf dem Holzweg. Dieses Vorgehen dient bestenfalls um einen Vorwand vorzubereiten, um im erstbesten Moment wieder mit dem Paffen anzufangen.

„Natürlich Thomas, ich an deiner Stelle hätte auch wieder weitergeraucht bei 7 kg Gewichtszunahme in 12 Wochen. Wir verstehen dich. Alles ist gut."

Meine persönliche Erfahrung ist komplett anders. Bereits kurze Zeit, nachdem ich das Rauchen gestoppt hatte, änderten sich meine Essgewohnheiten. Schokolade und andere Süßspeisen lockten mich immer weniger. Selbst die Lust auf Fleisch ließ nach. Statt Bolognese bekam ich, komplett entgegengesetzt meiner bisherigen Neigungen, Lust auf Spaghetti mit Pesto oder mit Olivenöl und Knoblauch. Ich kaufte mir einen Mixer und begann leckere Fruchtsaft-Smoothies zuzubereiten. Selbstgemischtes Müsli fand Zugang zu meinen Frühstücksoptionen. Statt Bier, entwickelte ich eine Vorliebe für Wein zu besonderen Anlässen.

Zum ersten Mal in meinem Leben, bestellte ich in einem Restaurant einen „Caesar Salad" als Hauptspeise, einfach, weil ich Appetit darauf verspürte. In meiner Raucherzeit war Salat für mich kein Essen, eher eine unliebsame Beilage, wenn es denn sein musste.

Nach wie vor esse ich zweimal am Tag. Ein spätes Frühstück und ein frühes Abendessen. Chips, Salzstangen und sonstige Knabbereien locken mich nicht. Dafür esse ich liebend gerne frisches Obst zwischen den Mahlzeiten. Da ich mich fitter fühle, bewege ich mich mehr. Als Raucher bevorzugte ich den gemütlichen Ruhemodus. Dadurch verbrannte mein Körper sehr viel weniger Kalorien.

Jemand, der die „Leitmotiv-Methode" praktiziert, braucht keinen Ersatz, denn er vermisst ja nichts. Wer nach dem Rauchstopp extrem zunimmt, geht den Weg der „Ich-opfere-mich-Methode". Er bedauert den Verlust der Zigarette und kompensiert das traurige Gefühl der Leere mit vermehrtem Essen, oftmals Süßigkeiten und andere ungesunde Snacks. Er isst aus Selbstmitleid und Langeweile.

Nicht mehr zu rauchen hat mein Leben komplett auf den Kopf gestellt. Endlich kann ich kulinarisch genießen. Essen ist nicht mehr die lästige Beschäftigung vor der Zigarette.

Mittlerweile wurde ich sogar zum passionierten Schwimmer. Fast jeden Morgen paddele ich, noch vor dem Frühstück, im Kanu zur Schwimmplattform hinaus. Von dort springe ich in den Fluss und genieße es, durchs Wasser zu pflügen. Früher hätte ich in dieser Zeit, bei einem halben Liter Kaffee, mindestens drei Zigaretten geraucht. Ich kann förmlich nachverfolgen, wie sich mein Lungenvolumen langsam ausdehnt. Der Sauerstoff sucht sich Bahnen durch zuvor verrußte Atemwege. Neu entstandene Energie macht sich täglich bei mir fühlbar.

Noch vor kurzem wachte ich morgens schon müde auf und ertappte mich bereits am späten Nachmittag beim Gähnen. Sauerstoffmangel war dafür verantwortlich. Derartige Symptome haben sich mit dem Nichtrauchen verflüchtigt. Ein wunderbares Gefühl. Ein medizinisch versierter Freund hat mir den Grund dafür erklärt. Sauerstoff und Kohlenmonoxid (aus dem Tabakrauch) stehen in Konkurrenz um die Andockstellen der roten Blutkörperchen. Dieses Wettrennen hat in meinem Körper ein Ende gefunden, Gott sei Dank!

Lieber Volldampf, als voll von Dampf.

„Ich möchte gerne anfangen, das Rauchen aufzugeben". Das ist Quatsch. Man möchte auch nicht anfangen mit dem Essen aufzuhören. Das Aufhören geschieht im Moment. Man möchte es nicht, man will, man tut es.

Ab der 2. Woche nach der letzten Zigarette:
Flimmerhärchen befreien sich vom Dreck.

ERSATZBEFRIEDIGUNG UND SONSTIGER SCHNICKSCHNACK

Gute Idee! Nur abermals nicht für denjenigen, der dem Rauchen abschwören will.

Seit einigen Jahren floriert der Markt für Ersatzprodukte für den Zigarettenkonsum. Raten Sie mal, wer diese „Heilsbringer" größtenteils produziert und prächtig daran verdient. Genau, die Enkel des Herrn Marlboro.

Solche Artikel sind das Ergebnis der Nachfrage aller inaktiven „Rauchopfer" nach einer Ersatzkrücke. Wer damit zum Nichtraucher wird, der schafft es trotz und nicht wegen dem Ersatz. Ein wirklicher, *aktiver* Nichtraucher kann gut und gerne darauf verzichten. E-Zigaretten, Nikotin-kaugummis und -pflaster, Wasserpfeifen etc. nützen in erster Linie demjenigen, der sie herstellt und verkauft. Gift mit Geschmack und Geruch nach Erdbeere, *„wie lecker ist das denn!".* Da liegt die Hemmschwelle nicht sehr hoch.

Niemand braucht einen Ersatz für ein Übel. Man soll einfach nur froh sein, dass man es los ist. Nikotin (der Zigarette), mit Nikotin (aus anderer Quelle) zu ersetzen, erscheint in etwa so sinnvoll, wie eine Zigarettenentwöhnung bei der man Zigarren raucht. Sie würden einem Alkoholiker vermutlich auch nicht empfehlen zur Entwöhnung Weinbrandpralinen zu naschen, oder?

Das Nikotin muss raus aus dem Körper, um die körperliche Abhängigkeit zu beenden. Das wird durch Ersatzprodukte wie Pflaster, Kaugummis etc. verhindert. Sie sind kein Ersatz, sondern das gleiche süchtig machende Gift, nur in anderer Darreichungsform. Also keine gute Idee. Der beste Ersatz für Nikotin ist *kein* Nikotin. Bei einer, starke körperliche Entzugserscheinungen hervorrufenden Droge, wie beispielsweise Heroin, mag ein Ersatz eventuell temporär nützlich sein. Aber bei der Zigarette?

Nein! Seien Sie nicht töricht. Tauschen Sie nicht die Cholera gegen die Pest. Wenn Ersatzprodukte wirklich notwendig wären, wie hätten ich und viele andere dann den Absprung geschafft? Medikamente und Nikotinersatz-mittel sollten nur im Rahmen einer profes-sionellen Entwöhnungstherapie angewandt werden. Hier dienen sie dazu, zunächst Verhaltensautomatismen abzutrainieren und parallel einen sukzessiven Nikotinentzug durch-zuführen. Die E-Zigarette kommt dabei nicht zum Einsatz, denn da ist die Prozedur, etwas zu halten und daran zu ziehen, ja ähnlich.

Wussten Sie, dass es neuerdings auch ganz tolle Apps fürs Smartphone gibt, auf denen man den Verlauf seiner Raucherentwöhnung nachvollziehen kann? Sie zeigen Ihnen punktgenau und zu jedem Moment an, wie viele Zigaretten Sie bereits *nicht* geraucht haben, welchen Nutzen Sie erzielt und wieviel Geld Sie gespart haben, bis zur zweiten Nachkommastelle. Selbst die gewonnene Lebenszeit wird Ihnen minutengenau vorgerechnet. Das alles kann man dann dreimal täglich via Instagram-link mit dem Rest der Welt teilen. Ist das nicht der Wahnsinn?! Ja, schon. Aus meiner Sicht so wahnsinnig überflüssig wie die oben aufgeführten Ersatzprodukte. Bei wem es zuvor noch nicht der Fall war, der erhebt die Zigarette auf diese Weise zum Mittelpunkt seines Lebens. Permanent sichtbar auf dem Display seines Telefons. Keine gute Idee, wie ich finde.

Wenn man sich von etwas trennt, dann hatte man dafür einen Grund. Eliminieren Sie alle Bilder Ihrer „verflossenen Liebe" vom Display und aus Ihren Gedanken. Jedes Mal, wenn Sie sich via App vor Augen führen, wie viele Tage Sie rauchfrei ohne Zigarette sind, taucht bei diesen Überlegungen die Zigarette auf. Befreien Sie sich mental von allem, was Sie an Ihre dunkle Vergangenheit erinnert. Was zählt, ist Ihre

Zukunft und die beginnt *jetzt*, nikotinfrei. Löschen Sie Ihre Erinnerung an die Zigarette, sprechen Sie nicht darüber, denken Sie nicht daran. Es gibt viel wichtigere Dinge und nützlichere Apps, mit denen man sich beschäftigen kann.

Bei meinen vorherigen Anläufen, mir das Rauchen abzugewöhnen, lange bevor es Smartphones und Apps gab, hatte ich die letzte Schachtel an die Wand geklebt. Daneben befestigte ich eine Tafel, auf der ich eine Strichliste führte, für jeden Tag des Nichtrauchens. Sah ungefähr so aus wie ein Altar und hat auch nichts gebracht. Es vermittelte mir das Gefühl eines Häftlings in der Zelle, darauf wartend, bald entlassen zu werden. Ich war ein „Opfer".

2 bis 12 Wochen nach der letzten Zigarette:
Die Lunge befreit sich von Schleim und Schmutzpartikel

DIE „LEITMOTIV-METHODE"

Meine Blasentumor-Diagnose war nicht der entscheidende Faktor, warum ich es geschafft habe in Rekordzeit dem Rauchen abzuschwören.

Machen wir uns nichts vor. Niemand muss warten, bis die Hiobsbotschaft eintrifft. In einigen Fällen mag sie helfen, den notwendigen Druck aufzubauen. Dann ist es aber oftmals zu spät. Womöglich zeigt der Unverbesserliche sogar eine Trotzreaktion:

„Jetzt erst recht, eh zu spät aufzuhören."

Wer hat nicht Geschichten von Menschen mit fortschreitender Bronchitis, beginnender COPD oder sogar ersten Anzeichen von Krebsgeschwüren und dergleichen gehört, die weiterrauchen wie bisher. Einige von ihnen verzichten eher aufs Essen, als auf die Zigaretten. Das entbehrt jeglicher Vernunft.

Man sollte als Nichtraucher jetzt nicht allzu leichtfertig darüber urteilen, bloß weil man dieses absurde Verhalten nicht nachvollziehen kann. Es handelt sich bei der Zigarette um eine Droge. Jeder Raucher, der nicht den richtigen mentalen Ansatz findet sie zu konfrontieren, hat es tatsächlich extrem schwer. Ich spreche aus eigener Erfahrung.

Die Psychologie erklärt das unlogische Verhalten des Menschen, in diesem Fall das des Rauchers, mit der "kognitiven Dissonanz". Das Denken passt nicht zum Handeln. Ich tue etwas, von dem mir mein logischer Verstand sagt, dass ich es nicht tun sollte. Umgangssprachlich ist diese Verhaltensstörung als „Selbstverarschung" bekannt.

Wie auch immer, dieser Konflikt muss aufgelöst werden, das Gehirn hasst solche Zustände.

Folglich sucht der Zigarettenfreund nach Ausreden und Vorwänden, um seinen Habitus zu rechtfertigen. Je länger er raucht, umso größer wird die Dissonanz. Er trifft keine logischen, sondern emotionale Entscheidungen. Und gegen Emotionen hat Logik zunächst einmal kaum eine Chance. Bei dem Gefühl der Verliebtheit verhält es sich oftmals genauso.

Wie schon erwähnt, hatte ich zuvor auch bereits einige Male den ernsthaften Versuch unternommen, dem Smog aus der Papierröhre abzuschwören. Dabei bin ich jedes Mal gescheitert, weil meine Vorgehensweise die falsche war.

Oder war ich einfach nicht willensstark genug? Bin ich ein Schwächling? Nein!

Wenn der Wille entscheidend wäre, dann würden ja nur willensschwache Menschen rauchen und willensstarke würden es gleich wieder lassen. Dem ist aber nicht so. Schauen Sie sich Raucher an. Viele sind sehr erfolgreiche, hochintelligente und selbstsichere Personen aus allen sozialen Schichten der Gesellschaft. Willensstark zu sein ist demnach ganz offensichtlich kein Garant für Erfolg.

Der Blasentumor brachte mich dazu, intensiver nachzudenken. So erinnerte ich mich an die Marketingvorlesungen meines BWL Studiums aus fast vergessenen Tagen. Was hatte man mir seinerzeit zum Thema Konsumentenverhalten beigebracht: *„Der Mensch als Konsument ist nicht rational. Deshalb lässt er sich auch so bereitwillig durch geschickte Werbung vor den Karren spannen."*

Auf diese Weise gelang es dem cleveren Herrn Marlboro auch, mittels permanenter direkter und subtiler Werbebotschaften, die Zigarette mit Attributen wie Abenteuer, Unabhängigkeit, Entspannung, Selbstsicherheit, Genuss, Gemütlichkeit oder dem „Duft der großen weiten Welt" zu assoziieren. Sogar die erotische Variante der

„Zigarette danach" wird vom Raucher geschluckt.

Nichts von alledem trifft zu, alles ist gelogen und doch hat es kritiklos Zugang in des Rauchers Oberstübchen gefunden.

Mittlerweile weiß auch jeder, dass die rauchenden, coolen Typen und sinnlichen Frauen im Kino, Fernsehen und auf Werbeplakaten, oder das Camel Logo auf dem Rennwagen keine Zufälle sind. Genauso wenig wie die Tatsache, dass Zigaretten immer an der Kasse ausgelegt werden, damit auch wirklich jeder sie wahr-nehmen *muss*. All dies kostet die Zigaretten-produzenten Unsummen von Geld, welches sie nur allzu gerne auf, oder wenn es hilft, auch unter den Tisch legen, denn unterschwellige Werbung ist mit Abstand die effektivste und damit lukrativste. Sie wirkt unbemerkt und es gibt keine Möglichkeit, sich gegen sie zu wehren. Niemand kann sich gegen etwas verteidigen, was er nicht wahrnimmt. So grausam funktioniert Zigaretten-werbung.

Nachdem ich mich wieder an den Inhalt meiner Marketingvorlesungen erinnert hatte, wusste ich, dass ich diesen Praktiken nicht wehrlos ausgeliefert bin. Da der Mensch nicht rational ist, neigt er dazu, unliebsame Informationen auszublenden. Dieses Phänomen ist es, um das es geht.

Genau dort, das wurde mir relativ schnell klar, musste ich ansetzen, um mich von meiner Abhängigkeit zu befreien.

Entscheidend für den Menschen im Allgemeinen und den Raucher im Speziellen ist nicht, was er weiß, sondern was sich in seinem Schädel eingenistet hat. Dies ist, was er glaubt und abruft, egal ob Wahrheit oder Lüge. Also formulierte ich mir ein Credo, welches ich ab sofort nutzen würde, wenn sich die Lüge in meinem Kopf bemerkbar machte. Es lautet:

„Es gibt absolut keinen Grund zu rauchen, keinen einzigen. Ich bin Nichtraucher. Ich bin stark, gesund, aktiv, voller Lebensfreude und Energie. Ich werde meinen Körper weder mit stinkigem Nikotin vergiften noch mit schleimigem Teer zuschmieren. Nein, so dumm bin ich nicht."

Anfangs las ich mein Credo von einem Blatt Papier ab, welches ich ständig in der Hosentasche bei mir trug. Ich wiederholte es bei jeder Gelegenheit. Im Bus, auf der Parkbank, in der Schlange am Bankschalter, sogar auf dem Klo.

Mein Ansatz war es, den Feind mit seinen eigenen Waffen zu schlagen. Das bedeutet, ich muss die Wahrheit so oft wiederholen, bis sie die

Unwahrheit verdrängt und sich als neue, echte Realität zementiert.

- ✓ Kontrolliere deine Gedanken, dann kontrollierst du dein Leben.
- ✓ Bringen deine bisherigen Überlegungen dich nicht ans Ziel, ändere deine Überlegungen.
- ✓ Wer sich immer gleich verhält, darf keine anderen Resultate erwarten.

Aufgrund dieser Annahmen entstand die von mir erkorene und praktizierte „Leitmotiv-Methode". Meine bis dato unternommenen traditionellen Versuche waren gescheitert. Sie basierten alle auf der „Ich-opfere-mich-Methode". Der Name „Leitmotiv" ist meine Abwandlung des Wortes „Leitwolf".

Der Leitwolf dominiert, führt sein Rudel an. Mein Leitmotiv wurde zum Anführer meiner Gedanken. Denn der Mensch ist nicht in der Lage, zwei Überlegungen gleichzeitig zu haben. Hier liegt einer der Schlüssel zum Erfolg der „Leitmotiv-Methode".

Kennen Sie die folgende Geschichte? Es handelt sich um das Gespräch eines Indianers mit seinem Sohn:

„Papa, warum ist der Mensch manchmal gut und manchmal böse?"

„Schau, jeder von uns hat zwei Wölfe in sich. Einen grauen und einen weißen. Der graue Wolf will das Böse, der weiße das Gute". Beide befinden sich in einem ständigen Kampf gegeneinander".

„Und welcher der beiden gewinnt?" fragt das Kind nach einer Weile des Überlegens.

„Derjenige, den du am meisten fütterst, mein Sohn."

Wenn wir diese schöne Erzählung auf das Thema dieses Buches übertragen, dann ist es der graue Wolf, der uns zum Rauchen animiert. Mir ist es gelungen, den weißen Wolf in mir unbesiegbar zu machen. Er bekam das ganze Futter.

Das Nikotinlevel unterschreitet ein bestimmtes Niveau und schon erwacht das Verlangen nach der nächsten Zigarette. Dies verursacht den automatischen Griff zur Schachtel. Zwischen diesen zwei Schritten vergehen einige Sekunden. Dieser Augenblick ist der Moment, in dem wir aktiv werden müssen. Er erfordert unsere ganze Konzentration. Am Anfang mehr, später lässt die Anstrengung nach.

Die ersten drei bis fünf Tage nach der letzten Zigarette sind gewöhnungsbedürftig. Es ist der Zeitraum, den der Körper benötigt, um alles

Nikotin zu entsorgen. Schnell meldet sich der graue Wolf und verlangt Nachschub. Das gehört dazu, denn Ihrem Körper wird etwas entzogen, was er über lange Zeit gewohnt war.

Aber ist das wirklich so unmöglich auszuhalten? Tut es fürchterlich weh? Nein, es ist stets nur ein kurzes Aufblitzen des Verlangens. Sie werden es ohne Schaden überstehen. Halten Sie diese drei bis fünf Tage aus und die ohnehin relativ schwachen Entzugserscheinungen klingen rapide ab.

Machen Sie sich keine Sorgen, dass Sie etwas vermissen werden, rückfällig werden oder es nicht schaffen. Diese Gefühle dürfen Sie nicht lähmen. Ängste zu überwinden, gehört zu den schönsten Herausforderungen des Lebens. Nehmen Sie diese an, verstecken Sie sich nicht davor.

Erinnern Sie sich, wie oft Sie in Ihrem Leben bereits Furcht vor etwas Neuem hatten: Erster Schultag, Fahrrad fahren ohne fremde Hilfe, die Führerscheinprüfung, der neue Job oder der erste Kuss. Und sind wir nicht alle froh und dankbar, dass wir uns diesen Ängsten nicht gebeugt haben?

Sie haben immer noch Angst? Na dann machen Sie es halt mit Angst. Wo ist das Problem? Jeder von uns entscheidet permanent über sein Leben. Man kann sich nicht drücken oder sich der Verantwortung entziehen. Selbst keine Entscheidung zu treffen, ist eine Entscheidung, aber meistens die falsche.

Wer rückfällig geworden ist, der ist im Übrigen nicht gescheitert. Das ist er erst, wenn er es nicht mehr versucht, wenn er resigniert und das Handtuch schmeisst. Bislang hat der Willige immerhin schon herausgefunden, wie es *nicht* funktioniert. Jetzt muss er nur solange weiter probieren, bis er den Weg findet, der ihn schlussendlich zum Ziel führt.

Sie lieber Leser haben das Glück, die "Leitmotiv-Methode" kennen gelernt zu haben. Wenn Sie diese richtig anwenden, dann führt sie Sie direkt und ohne großes Probieren in ein drogenfreies Leben.

Machen Sie sich bereit. Erwarten Sie Ihren lächerlichen Feind in der freudigen Erwartung, ihn ein für alle Mal auszuhungern und in den Wind zu schießen. Begrüßen und genießen Sie das Kräftemessen mit diesem, im Grunde zahnlosen Wadenbeißer in der absoluten Gewissheit, dass Sie stärker sind. **Sie sind es!**

Er ist nur der für kurze Zeit erscheinende Vorbote Ihrer zukünftigen Unabhängigkeit in

Freiheit. Er verschwindet, wenn Sie ihn ignorieren.

***

Wie verliefen meine ersten Tage des Nikotinentzugs?

Ich merkte, wie der graue Wolf in mir nervös wurde. Da er kein Futter mehr bekam, begann er sich aufzubäumen. Statt wie bislang zu flüstern, wurde sein Ton lauter. Ich hielt stand. Am vierten Tag spürte ich seine, sich bemerkbar machende Schwäche. Dennoch kamen hin und wieder Momente, in denen er seine Kräfte zu sammeln schien, um mir das Leben schwer zu machen. Da ich wusste, dass es seine letzten Zuckungen sein werden, war es mir ein Leichtes, ihm standzuhalten.

Das Verlangen während der ersten drei bis fünf Tage kommt plötzlich. Der Gedanke blitzt auf und er ist so stark und hinterlistig, dass er den Griff zur Zigarette zum Impuls macht. In diesen Momenten wusste ich, dass ich mich fokussieren musste, um der Verlockung zu widerstehen. Ich stellte fest, dass das Auftreten des Schmachtens stets nur wenige Minuten anhält und rasch an Intensität verliert.

In diesem kurzen Zeitfenster wiederholte ich mein Credo, erinnerte mich, warum ich mit dem

Schmöken aufhören wollte. Ich sagte mir klipp und klar:

„Zigarettenrauch ist Schmutz, giftiger Dreck. Damit werde ich mir nicht meinen Körper zuschmieren."

Innerlich stellte ich mir vor, wie ich eine Zigarette anzünde. Bei diesem Gedanken formuliere ich Mantras wie:

„Was ich mache ist absolut lächerlich. Getrocknetes Unkraut mit Papier rauchen ist einfach nur dumm. Nein, zu dieser Gruppe Menschen will ich nicht gehören. Ich wollte es nie, man hat mich dazu gebracht. Jetzt entscheide ich".

Bei der Formulierung von Mantras kann jeder seiner Fantasie freien Lauf lassen. Nutzen Sie dabei die von Ihnen markierten Stellen im Buch.

Wichtig ist nur, das Sie diese Sätze/Mantras und das Credo innerlich sprechen. Auf diese Weise verhindern Sie, dass sich die Lügen der Vergangenheit breit machen.

Jetzt heisst es wieder*: "sorry amigo, hier ist kein Platz für dich!"* Aber diesmal ist es der Gute, der sich breit gemacht hat.

Mein Credo und die positiven Gedanken (die Wahrheiten) halfen mir, die nur wenige Minuten anhaltende Gier zu überstehen, in der ich normalerweise eine Zigarette geraucht und mich hinterher schlecht gefühlt hätte.

Ich wusste, dass ich gewinnen werde. **Und ich gewann!**

Sie sind der Meinung, drei Tage nicht zu rauchen ist schwierig? Dann probieren Sie einmal, sich drei Tage nicht zu beschweren, zu kritisieren oder über andere zu meckern, nicht ein einziges Mal. Dann wissen Sie was schwierig ist.

Beide dieser Drei-Tage-Übungen sind sinnvoll und beide verändern Ihr Leben und das Ihrer Mitmenschen auf eine äußerst positive Weise.

***

Dann begann die traumhaft schöne Zeit der Belohnung. Bereits nach wenigen Wochen habe ich erste positive Veränderungen festgestellt.

Bin ich als Raucher nur ungern die oberen Stockwerke hochgegangen, so machte es mir plötzlich Spaß. Statt mich mühsam Stufe um Stufe nach oben zu schleppen, um dort erst mal nach Luft zu japsen, flog ich jetzt förmlich hinauf. Was für ein unvergessliches Erlebnis, als ich das erste Mal oben ankam und dachte *„Seltsam, es fühlt sich so gut an, wo ist das Gefühl der Kurzatmigkeit geblieben?"*

Ich, der noch vor nicht allzu langer Zeit Pfeiftöne beim Atmen von sich gegeben hat und schon bei der geringsten Anstrengung Atembeschwerden verspürte. *Ich*, der ich so langsam auf die 60 zugehe. Wie kann es sein, dass jeder Tag mich vitaler fühlen lässt?

Ein anderes Aha-Erlebnis hatte ich bei der Zahnpflege. Wenige Wochen nachdem ich das Rauchen eingestellt hatte, bemerkte ich eine erfreuliche Veränderung beim Zähneputzen. Beim Ausspülen war kein Blut mehr zu sehen und das Brechreizgefühl, wenn ich mit der Zahnbürste weit hinten putzte, war ver-schwunden. Ein Zustand, an den ich mich als starker Raucher unbemerkt gewöhnt hatte.

Mein Körper gesundete innerlich und äußerlich. Man konnte es mir förmlich ansehen. Selbst der Teint meiner Haut begann sich zu regenerieren. Mir fiel es erst auf, als Freunde mich darauf ansprachen.

Seitdem ich nicht mehr rauche, trinke ich auch weniger Kaffee. Früher gehörten Zigarette und Kaffee für mich zusammen wie Tom und Jerry. In meinem neuen Leben als Nichtraucher, hat sich mein Koffeinkonsum stark verringert. Er beschränkt sich zumeist auf den Guten-Morgen-

Kaffee und hin und wieder einen Espresso am Nachmittag. Erst jetzt weiß ich, wie genussvoll dieses Getränk wirklich schmeckt und genieße jeden Schluck, aber in Maßen.

Stattdessen ertappte ich mich dabei, beim Einkaufen nach Kräuter- und Früchtetees Ausschau zu halten. Wer hätte das gedacht? Ausgerechnet *ich,* der sonst kaum Zeit an gesunde Ernährung verschwendet hatte.

Etwas war passiert mit mir, ausgelöst durch den simplen Umstand, dass ich nicht mehr rauchte. Die wiederentdeckte Vitalität hatte in mir die Lust nach „mehr" geweckt. Mehr Kraft und mehr Ausdauer, mehr Lebenslust, mehr Kondition, mehr, mehr, mehr. Gesund zu leben wurde zu einer Lebensphilosophie, die meinen Alltag seither extrem bereichert.

Mein wiederbelebter Geschmacksinn entdeckt ständig neue und fast vergessene Genüsse. *Wirkliche* Genüsse, keine Einbildungen wie der schmutzig stinkige Qualm der giftigen Glimm- stängel. Mit einem Satz: Ich bin einfach besser drauf. Körperlich und mental.

Auch, dass der Drang verschwunden ist, etwas mindestens jede Stunde des Tages machen zu *müssen,* nämlich eine Zigarette rauchen, bescher-

mir ein neues Gefühl von Freiheit. Zuvor war ich ein Gefangener meiner „genussvollen" Sucht.

Hin und wieder bemerkte ich noch Zuckungen des mittlerweile ausgemergelten Wolfes, bis sie eines Tages verstummten. Es dauerte insgesamt nur wenige Wochen. Anfangs ist er abgemagert und geschwächt, aber nicht tot. Doch jede Stunde, jeden Tag ohne Nikotin wird er kränklicher, verkümmert langsam aber sicher durch den „Nahrungsentzug".

Nichtsdestotrotz blieb ich wachsam. Er gibt nicht so schnell auf. Er ist ein alter, listiger Wolf. An einigen Tagen nimmt er urplötzlich, wie aus dem Nichts, wieder Fahrt auf und macht sich kurz bemerkbar. Ohne Vorwarnung flackert der Gedanke an eine Zigarette auf. Bei mir war das am 9. und am 14. Tag. Dann war endgültig Schluss.

Mit der von mir zuvor praktizierten „Ich-opfere-mich-Methode" reichte dieses letzte Aufbäumen, um mich wieder in seine Fänge zu treiben. Ich wurde schwach, konnte nicht widerstehen, war sogar dankbar für die Versuchung. Danach fühlte ich mich elend, beschimpfte mich selbst als Versager. Der Frust und die Enttäuschung waren Auslöser für die nächste Zigarette, dann noch eine. Und schon war ich wieder aktiver Raucher.

Bei der „Leitmotiv-Methode" verlief es anders. Ich bemerkte das Aufbäumen des Wolfes…
… und schmunzelte.

Es machte mir absolut nichts mehr aus. Automatisch tauchten die mit meinem Credo verbundenen „Real-Bilder" vor meinem inneren Auge auf. Die eben begonnene Attacke des mageren grauen Wolfes war ebenso schnell wieder verschwunden, wie sie aufgetaucht war.

***

Im ursprünglichen Manuskript folgte an dieser Stelle mein Hinweis, dass man auch an seine Mitmenschen denken sollte. Daran, wie diese profitieren und was man ihnen erspart, wenn man nicht mehr raucht.

Eine meiner Testleserinnen schrieb mir daraufhin, dass dies keine gute Idee sei. Sie hat Recht. Erstens, weil jeder Raucher diese Mahnungen bereits x-Mal gehört hat und zweitens, weil sie keine wirkliche Motivation darstellen. Sie suggerieren lediglich ein schlechtes Gewissen. Wer mit dem Rauchen (oder was auch immer) Schluss machen will, der muss es für *sich* tun. Entschlossen, freiwillig und aus eigenem

Antrieb. Ein Raucher, der sich zum Wohl anderer zum Verzicht zwingt, bleibt ebenfalls ein „Opfer".

Bei diesen Gedanken erinnerte ich mich an ein Zitat, das ich vor langer Zeit gelesen hatte und bei mir haften geblieben ist. Es ist ebenfalls von dem irischen Dramatiker George Bernard Shaw:

> *„Wer beginnt, sich für die Menschen zu opfern die er liebt, wird damit enden, sie zu hassen".*

Dieser Gefahr möchte ich Sie nicht aussetzen. Erinnern Sie sich besser daran, welcher Mensch Sie für sich selbst sein wollten, bevor Sie das Rauchen anfingen. Raucher zu werden war ganz bestimmt nicht eines Ihrer Lebensziele. Fragen Sie sich, ob das Kind, welches Sie einmal waren, heute stolz auf Sie wäre. Ganz sicher nicht.

Wenn Sie für sich selbst mit dem Rauchen aufhören, profitieren alle Menschen um sie herum automatisch ebenfalls davon. Betrachten Sie das Nichtraucherwerden als eine kostenlose Wellnesskur für Ihren Körper. Gleichzeitig ist es eines der wertvollsten Geschenke, welches Sie sich machen können.

„Wie wäre es, wenn ich erstmal das Rauchen einschränke? Das ist doch immerhin schon ein großer Fortschritt. Die Gisela raucht doch auch nur auf dem Kaffeekränzchen, Detlef nur im Urlaub und der Schorsch qualmt seit mehreren Jahren ganz genau fünf Zigaretten am Tag, stets zur gleichen Uhrzeit. Er ist davon überzeugt, dass sein Körper in der Lage ist, fünf Zigaretten am Tag zu verarbeiten, ohne dass Rückstände verbleiben, die ihm schaden."

Wollen Sie meine Meinung hören? Streichen Sie Johannes Heesters, Helmut Schmidt, Gisela, Detlef und Schorsch aus Ihrem Kopf. Aus den gleichen Gründen, die schon zu Beginn dieses Buches erläutert wurden. Diese Menschen gehören zu einer äußerst seltenen Spezies und sind extrem vom (Aus-)Sterben bedroht.

So, genug der langen Rede. *„Der Marsch der tausend Kilometer beginnt mit dem ersten Schritt"*, besagt eine asiatische Weisheit. In diesem Sinne:

Alles Gute und viel Spaß auf Ihrer Wanderung in und durch ein zweites Leben…

9 Monate nach der letzten Zigarette:
Die Lunge beginnt, sich komplett zu reinigen

NACHWORT

Seit über zwanzig Jahren lebe ich mittlerweile in Mittelamerika. Hier ist die Zigarette schon lange „out". Die Jugend in diesen Ländern ist sehr gesundheitsbewusst und sportbegeistert. Ich hatte vermutet, in Europa wäre dieser Trend mittlerweile ebenfalls zu verzeichnen.

Als ich nach vielen Jahren erstmals wieder über den Atlantik flog, um einige Monate in Südfrankreich zu arbeiten, war ich geschockt. So unglaublich viele, insbesondere auch junge Menschen die rauchen, Männer als auch Frauen. Das hätte ich nicht erwartet. Die Zigarette ist wieder schick und gesellschaftsfähig geworden. Ein Unterschied zu früher ist, dass in jeder Gruppe heute immer auch einige Nutzer von E-Zigaretten zu finden sind. Ich befürchte, dies könnte der neue Trend werden, oder besser gesagt, von der Nikotinmafia zum Trend gepusht werden. Bei mir ist dieses Thema zum Glück Vergangenheit. Ich hoffe, bei Ihnen nun auch.

***

Glückwunsch! Sie haben dieses Buch bis zum Schluss gelesen. Wie fühlen Sie sich? Konnte meine Geschichte Sie animieren?

Machen Sie das Credo auch zu *Ihrer* Gewohnheit. Es kann Ihr Dogma werden für ein zweites, befreites Leben:

> *„Es gibt absolut keinen Grund zu rauchen, keinen einzigen. Ich bin Nichtraucher. Ich bin stark, gesund, aktiv, voller Lebensfreude und Energie. Ich werde meinen Körper weder mit stinkigem Nikotin vergiften noch mit schleimigem Teer zuschmieren. Nein, so dumm bin ich nicht.“*

Tragen Sie dieses kleine Büchlein stets bei sich. Wenn immer Ihnen danach ist, schlagen Sie es an einer x beliebigen Stelle auf und lesen ein paar Absätze. Nicht umsonst ist es ein Taschenbuch.

Hier zur Erinnerung nochmals die Grundpfeiler der von mir angewandten Methode:

Durch permanent wiederholte Lügen konnte die Zigarette Zugang zu Ihnen finden. Durch die permanente Wiederholung der Wahrheit, wird sie wieder vertrieben.

Kleingehacktes Unkraut in einer Papierrolle an einem Ende anzünden um den giftigen Rauch auf der anderen Seite einzusaugen ist peinlich, lächerlich, sinnlos und dumm.

Beobachten Sie die Raucher in Ihrer Umgebung einmal ganz genau. Im Straßencafé, im

Park, an der Bushaltestelle, in der Raucherecke vor dem Krankenhauseingang oder wo auch immer Sie einen entdecken. Sieht das wirklich cool und lässig aus? Schauen Sie beim Rauchen auch einmal in den Spiegel, dann sehen Sie was ich Ihnen zu erklären versuche.

Grauer Wolf – weißer Wolf: Niemand kann zwei Gedanken zur gleichen Zeit haben.

Bestimmen Sie selber, ob sie die Sucht oder die Vernunft „füttern". Seit langer Zeit ist der weiße Wolf in Ihnen kaum wahrnehmbar. Schwach und ängstlich hat er sich irgendwo hin verkrochen. Der graue Wolf dominiert und steuert Ihre Gedanken des Gewohnheitsrauchers nach Belieben. Momentan ist er noch stärker als Sie. *Sie* haben ihn wachsen und kräftig werden lassen.

Es wird einige Tage dauern, bis Sie den weißen Wolf in sich hochgepäppelt haben. Geben Sie ihm ab heute das ganze „Futter", dann verteilen sich die Rollen schnell. Schützen Sie ihn mit Ihren Gedanken. Schon bald wird es der graue Wolf sein, der ausgehungert den Rückzug antreten muss. Die ersten drei bis fünf Tage entziehen Sie ihm sowohl das Nikotin, als auch Ihre Aufmerksamkeit. Bleiben Sie dran, Sie schaffen es. Wenn der graue Wolf sich in Ihren Gedanken meldet, ignorieren Sie ihn. Sagen Sie ihm, Sie haben heute keine Zeit. Vielleicht morgen. Füttern Sie dann den weißen Wolf und hören Sie auf dessen gute Ratschläge. Wenn es bei mir geklappt hat, warum nicht bei Ihnen?

Haben Sie keine Angst vor Entzugserscheinungen. Viele Nichtraucher stellen im Nachhinein fest, dass Ihre Panik vor dem Entzug schlimmer war als der Entzug selber. Freuen Sie sich darauf und genießen Sie es, insbesondere die ersten, spannenden Tage, wo das Nikotin Ihren Körper verlässt. Nehmen Sie es bewusst wahr. Erleben Sie es wie ein Abenteuer, heraus aus der eintönigen grauen und vernebelten Routine und hinein in ein neues, wunderbares Leben. Die kurze Phase des Entzugs ist das „traurige" Ende Ihres Raucherdaseins und der Anfang Ihrer wiedergewonnenen Freiheit.

Entzugserscheinungen sind ein (gutes) Zeichen dafür, dass Ihr Körper reagiert und sich wehrt. Er kämpft gegen den Nikotinentzug und baut das verbleibende Gift dabei langsam aber sicher ab. Bislang ist nachweislich noch kein Mensch am Entzug gestorben, auch Sie werden ihn unbeschadet überstehen.

Schon bald sind die Begleiterscheinungen für immer verschwunden. Dann sind Sie Nichtraucher, so, als hätten Sie nie in Ihrem Leben eine Zigarette gebraucht. Erwarten Sie das Erscheinen des grauen Wolfes. Erkennen Sie, wie harmlos und klein er in Wirklichkeit ist. Ihre selbstsichere Reaktion wird ihm nicht gefallen. Plötzlich haben *Sie* die Kontrolle. Sowas hat er bei Ihnen noch nicht erlebt.

Obwohl es eigentlich selbstverständlich sein sollte, erwähne ich es ganz zum Schluss trotzdem:

Sie können dieses Buch und zwanzig weitere über das Nichtrauchen lesen, sich hypnotisieren oder spritzen lassen, Nichtraucherseminare besuchen und sich vom Arzt „Champix" verschreiben lassen. All dies wird Sie nicht in einen aktiven Nichtraucher transformieren, wenn Sie es nicht von ganzem Herzen wollen. Nikotin ist kein Gegner, den man lustlos k.o. schlagen kann.

Der erste Schritt in ein Nichtraucherleben ist, eine freudige Abmachung mit sich selbst zu treffen und loszulegen. Am besten jetzt, wo Sie gerade so viel Negatives und nichts Positives über das Rauchen gelesen haben. Nicht morgen, nächsten Montag, wenn meine ganzen Probleme gelöst sind, ich Blut spucke, meine Frau schwanger ist oder am 1. Januar. Das Leben ist zu kurz für „irgendwann".

Freuen Sie sich darauf, dass Sie besser riechen, sich gesund, vital, stark und frei fühlen, mehr Zeit haben und über eine höhere Kondition verfügen, Speisen und Getränke wieder richtig schmecken, frei sind von den Zwängen einer Sucht, Ihr Körper sich regeneriert etc. und das Sie mehr Geld haben für die wirklich genussvollen Dinge des Lebens.

Fragen Sie sich: *„Will ich wirklich aufhören mich zu vergiften?"* Ihre Antwort lautet: ***„Na klar will ich das!"***

Sind Sie bereit? **Natürlich sind Sie es!** Sonst hätten Sie doch dieses Buch gar nicht gelesen. Kein Mensch liest ein Buch über das Nichtrauchen, nur aus Spaß an der Freud.

Auf geht´s, jetzt ist der Moment! Was haben Sie zu verlieren? Rauchen ist nicht toll! Nichtrauchen ist toll! Bei vielen Entscheidungen Ihres Lebens, wissen Sie in dem Moment wo Sie sie treffen, nicht, ob Sie richtig oder falsch handeln. Wenn Sie sich entscheiden Nichtraucher zu sein, dann können Sie hundert Prozent sicher sein, das Richtige zu tun. Verbannen Sie Zigaretten, Feuerzeug und Aschenbecher aus Ihrem Leben. Seit heute brauchen Sie all dieses Zeug nicht mehr.

Sie sind ein selbstbewusster, starker und genussvoller Nichtraucher in Freiheit! Seien Sie stolz auf sich. Es liegt in *Ihrer* Hand, *Sie* entscheiden.

Robert G. Ingersoll formuliert es so:

„Glück ist keine Belohnung, es ist eine Konsequenz. Leiden ist keine Bestrafung, es ist ein Ergebnis."

Wenn Sie möchten, schreiben Sie mir Ihre Eindrücke mit diesem „Ratgeber", der eigentlich keiner sein soll. Ob und wie mein Buch auf Sie gewirkt hat. Konnte die Lektüre Sie motivieren, meinem Beispiel zu folgen? Für mich sind Ihre Rückmeldungen eine willkommene Information, hoffentlich eine Bestätigung, wer weiß? Freue mich, wenn ich von Ihnen höre.

kontakt@grenzenlos-peter-kruse.com

Wenn die Lektüre Ihnen gefallen, vielleicht sogar geholfen hat, dann können Sie mir jetzt ebenfalls helfen. Dafür braucht es nur 10 Minuten Ihrer Zeit. Eine kurze **Rezension auf Amazon** wäre ein wertvolles Geschenk für mich als Autor und eine wichtige Referenz für andere Menschen, die das Rauchen an den Nagel hängen wollen. **Vielen Dank!**

ÜBER DEN AUTOR

Peter Kruse verbrachte 40 Jahre seines Lebens als glücklicher Raucher. Heute lebt er als glücklicher Nichtraucher. Einziger Unterschied: Er gibt kein Vermögen mehr aus, um seinem Körper kontinuierlich kleine Mengen an Gift zuzuführen, die seine Lebensqualität permanent verschlechtern.

„Mein Geschenk für eine genussvolle Raucherentwöhnung" ist sein zweites Buch.

www.nichtrauchen-raucherentwoehnung-nichtraucher.com

Seit 5 Jahren lebt er am wunderschönen Rio Dulce, nahe der Karibikküste von Guatemala. Wer möchte, kann ihn hier besuchen:

www.casa-perico.com

Auch auf Englisch und Spanisch erhältlich.

Ebenfalls erschienen von Peter Kruse

GRENZENLOS
Eine autobiografische Erzählung

"Autor Peter Kruse lässt Max, den Erzähler, überwiegend sein eigenes spannendes Leben beschreiben, das sich seit mehr als zwei Jahrzehnten in Mittelamerika abspielt. Ein junger Deutscher landet in Costa Rica, Kuba und Guatemala, wo er nicht zum Aussteiger, sondern zum Einsteiger wird. Max überschreitet Grenzen, setzt sich über gängige Klischees und Vorurteile hinweg und wird mit einer neuen Heimat unter Menschen belohnt, die selbst in Armut und unter widrigen Lebensverhältnissen häufig fröhlicher sind als viele Wohlstandsbürger im reichen Deutschland."

"Kruse erzählt unterhaltsam und erfrischend Geschichten aus dem Alltag in einer Weltregion, in der ein Menschenleben erbärmlich wenig wert sein kann, und das Zusammenleben doch so oft von großer Mitmenschlichkeit und herzlicher Freundlichkeit geprägt ist. Kruse macht seinen Lesern Hoffnung, indem er aufzeigt: Es lohnt sich immer, Grenzen zu überschreiten, nie zu verzagen und sein Leben selbst in die Hand zu nehmen. Auf das Buch stieß ich in Südfrankreich, wo ich zufällig den Autor kennen und schätzen lernte. Kruse selbst handelt in seinem außergewöhnlichen Leben so wie er schreibt. Das kurzweilige Buch, das einem Wert und Lohn von Neugier und Aufgeschlossenheit vor Augen führt, habe ich in einem Zug gelesen. Ich kann es nur empfehlen".
Alfred Schmidt, Redaktionsleiter Augsburger Allgemeine